本书编委会

顾　问　郑伟明

主　审　李立国

主　编　王忠容

编　委（以姓氏笔画为序）

马　俊　孔丽君　长孙淑娟　兰俊莹

李光辉　何雪青　林东星　　彭　鑫

谢　羡　谢衡辉　熊　波

中小学教育智慧文库

ZHONGXIAOXUE JIAOYU ZHIHUI WENKU

雨润花开

家校共育的教育智慧文集

王忠容 ◎ 主编

暨南大学出版社

JINAN UNIVERSITY PRESS

中国·广州

图书在版编目（CIP）数据

雨润花开：家校共育的教育智慧文集／王忠容主编. —广州：暨南大学出版社，2023.6

（中小学教育智慧文库）

ISBN 978-7-5668-3648-9

Ⅰ. ①雨… Ⅱ. ①王… Ⅲ. ①中小学—学校教育—合作—家庭教育—文集 Ⅳ. ① G636-53

中国国家版本馆 CIP 数据核字（2023）第 069242 号

雨润花开：家校共育的教育智慧文集
YURUN HUAKAI：JIAXIAO GONGYU DE JIAOYU ZHIHUI WENJI
主　编：王忠容

出　版　人：张晋升
责任编辑：黄文科　彭琳惠
责任校对：刘舜怡　陈皓琳
责任印制：周一丹　郑玉婷
出版发行：暨南大学出版社（511443）
电　　话：总编室（8620）37332601
　　　　　营销部（8620）37332680　37332681　37332682　37332683
传　　真：（8620）37332660（办公室）　37332684（营销部）
网　　址：http://www.jnupress.com
排　　版：广州尚文数码科技有限公司
印　　刷：广州市友盛彩印有限公司
开　　本：787mm×1092mm　1/16
印　　张：12.75
字　　数：243 千
版　　次：2023 年 6 月第 1 版
印　　次：2023 年 6 月第 1 次
定　　价：52.00 元

前　言
PREFACE

　　现代教育强调培养学生德、智、体、美、劳全面发展，强调心理的健康成长，强调综合素质的提高，这就需要举全社会之力，营造良好的教育环境，家校共育，让家长成为学校教育的同盟军，让家长和教师实现优势互补，形成教育合力，这是学校教育发展的必然趋势，因此，家校共育是学校教育的必然选择。

　　著名教育家苏霍姆林斯基曾说："最完备的教育模式是'学校—家庭'教育，学校和家庭是一对教育者。"家庭是学生成长的温馨港湾，家庭教育是学校教育的基础，是与学校教育互为补充的重要教育途径，学校教育需要和家庭教育相互配合，加强沟通和联系。在学生的发展过程中，不能把教育理解为单一的学校教育，应把教育理解为一个整体，学校教育与家庭教育是这个整体中相互依赖、相互作用的有机组成部分。因此，在育人过程中，需要加强家长和老师之间的联系，家校共育，才能最终促成孩子的健康发展。

　　家校共育的目的是使孩子健康成长，让孩子充分享受来自老师和家长的关怀，给孩子带来欢乐。因为家庭的千差万别，家长对教育子女的目标、成长的观念各不相同，所以家长对子女的教育理念也不相同。因此，老师作为孩子的成长引路人，要具体分析每个孩子的实际情况，倾听来自家庭、孩子的心声，正确引导孩子成长，引领学生"扣好人生第一颗扣子"。

　　《雨润花开：家校共育的教育智慧文集》收录了一群有趣、有爱、有耐心、有智慧的班主任们与学生、家长沟通交流收获的教育智慧故事。这些故事，或记录老师帮助学生走出困惑的快乐；或记录学生成长的经历；或记录家访期间了解到的家长的困惑、育儿理念以及对子女的期待；或维护学生尊严；或引导学生学会生涯规划、学会交朋友；或给家长示范，如何与子女沟通等，这些故事都来自老师们的真实体验与感悟，如和风细雨，滋润心田。我们记录这些故事——学生的故事、学生与父母的故事，我们既是故事的叙述者，同时也是故事的感悟者，写他们的故事，思考我们的教育；思考我们如果作为学生，应该如何对待成长；思考我们如果是家长，应该如何做一名合格的家长。因此，我们写本书的目的，是希望从家庭教育的角度思考，如何构建学校、家庭、社会三位一体协同教育机制，老师应该当好学生的心灵摆渡人，成为学生人生路上的向导；家长是孩子的启蒙老师，能做到"父母之爱子，则为之计深远"，家校共育，心心相印，雨润花开，花香满园。

歌德曾经说过："读一本好书，就是和一位品德高尚的人谈话。"读《雨润花开：家校共育的教育智慧文集》，让人内心澄澈清亮。《父母皆在，何以为家？》中勤劳而温厚的母亲，为全心陪伴儿子度过艰难的高中阶段而辞职，最后儿子顺利考上大学，为这样的母亲感到骄傲；而《希望你好好的》中的小灿至今令人牵挂，很想问"小灿，还好吗？"《爱，慢慢地靠近》中读到了一位温柔可敬的老师，巧妙地化解了新疆生与本地生之间的陌生感；《"悄悄地"呵护尊严》一文让人明白老师行善施爱时，既要维护学生的尊严，又要唤醒学生内心力量，让学生看到自己为人的尊严，也看到自己内心那股力量；《一起去看海》中，那位陪学生一起看海的老师温婉可爱；如何与叛逆的孩子沟通，我们可以在《我家有儿初叛逆》一文中找到智慧的答案；《高三，你好！》里战士出征前的激情动员让人热血沸腾；想知道好孩子是如何夸出来的，请读《不要吝啬你的赞美》；如何培养孩子的劳动意识，并且让孩子愉快地接受，《我在快餐厅里过周末》中的父亲告诉你言传身教的秘密；当有一天孩子告诉您，她可能恋爱了，老师该怎么做？《让孩子愿意相信你》会告诉你答案；发现学生的闪光点，挖掘学生的潜能，《发现在细微处》于细节处寻找爱；学生面临未来职业规划，如何选科，《向"左"走还是向"右"走》可以给你明确的生涯规划。

本书从最初工作室的老师们讨论写作方向到最后定稿，历时三年，这三年也是学生上课最艰难的时间，线上线下的课程交叉，学生的心理或多或少地发生了一些变化，希望本书既能对过往育人经历进行回顾和总结，又能给我的同仁们、家长们提供一线亮光。收集整理本书最大的收获，是从这些鲜活跳跃的文字中，读到了心灵明净的朋友、内心丰富的学生、寄予殷切期望的家长。当然，书中所涉及的一些育人看法还值得商榷，有的文字表述值得进一步推敲，希望读者能海涵。

真诚感谢工作室的老师们，马俊、孔丽君、兰俊莹、何雪青、林东星、谢羡、彭鑫等老师，他们利用寒暑假，积极地收集整理家访资料、与学生的谈话，并写成教育故事；特别感谢郑伟明校长的大力支持，李立国副校长、李光辉主任、校团委熊波书记、长孙淑娟老师为家校共育提供智慧锦囊。

最后需要感谢的是本书的策划编辑——暨南大学出版社的黄文科主任，是他给书稿取了非常切题的书名"雨润花开：家校共育的教育智慧文集"。本书出自多人手笔，难免存在不足之处，敬请专家读者指正。

王忠容

2023 年 2 月

目　录
CONTENTS

长孙淑娟

王忠容

彭　鑫

熊　波

孔丽君

　　珠海市实验中学教师，多年担任班主任工作，曾获珠海市实验中学优秀教师和优秀班主任称号。个人教育理念：每个学生的成长源于强大的内驱力和自省力，班主任的工作重点是不断激发学生个体的内驱力并缓解消除其精神内耗。班主任工作的重点是筑牢学生成长的家庭支持、教师支持、同伴支持系统，最终帮助学生实现自我教育和自主成长。

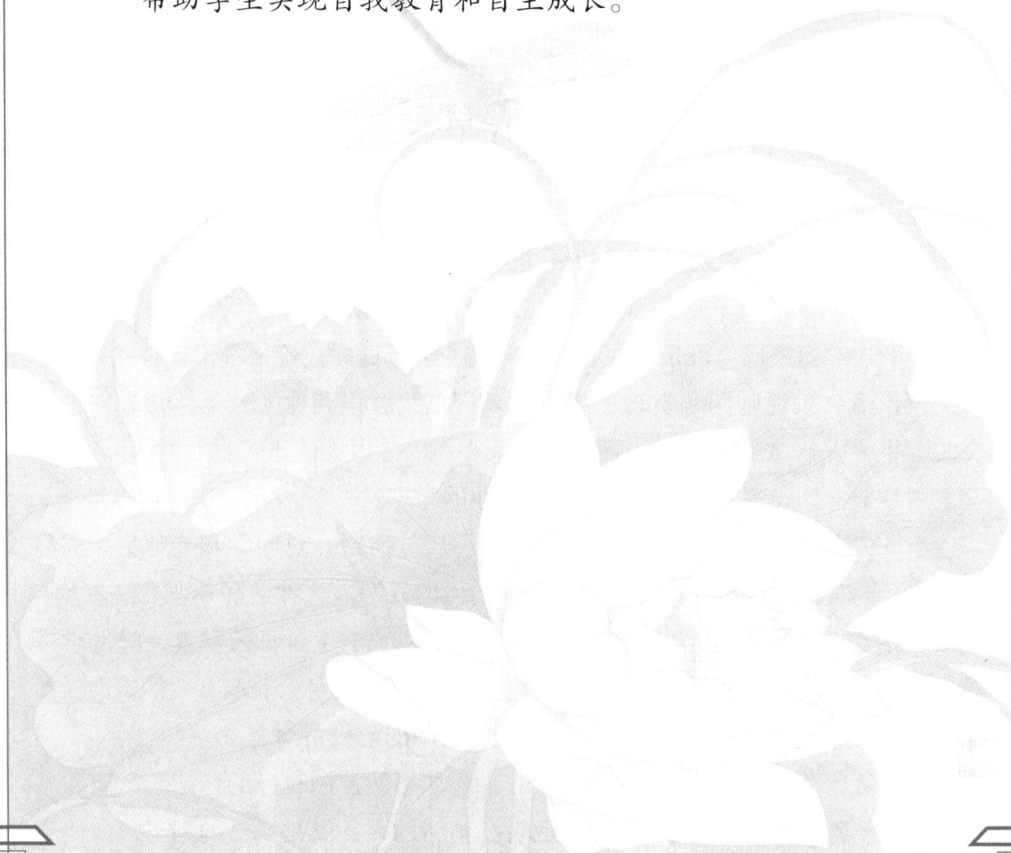

远离愤怒，平心静气

——中学生建立平和情绪辅导

一、学生情况

小 A 是一名 15 岁的高一新生，性格外向活泼、爱憎分明、极具个性；学习目标高，认真努力，以考进年级前 50 名为目标，深受师生喜爱，因此小 A 很快就当选为班长。他积极管理班级，提出了很多新举措；对违规违纪的同学会当众指责，后有不少同学公开跟他作对，其他班干部也与他合作不畅。为此，他心情烦躁，深感被孤立，甚至上课趴桌，成绩急剧下滑。他对老师不满，认为老师针对他；和同学们吵架打架，认为同学们欺负他；在家经常关上房门玩手机，和父母吵架。那段时间，小 A 动辄就生气，脾气暴躁，经常和周围人发生口角。在期末考试前，这种现象更是严重。

二、情况分析

高中阶段是学生身心矛盾加剧、情绪较不稳定的时期，特别是高一新生，青春期自我意识萌发，渴望个人受到重视，被群体接受、信赖，乃至成为群体中的重要人物或领导者，这是青少年社会意识觉醒的表现。小 A 就是一个典型的例子，新入学积极成为班长，并为自己树立了学习目标，就是希望自己成为群体中的佼佼者，被老师同学赏识信赖。但是当自我意识和他人、集体意志发生冲突时，小 A 又因太在乎别人的评价、虚荣心强等原因无法进行良好的人际交往，甚至用吵架、打架等方式强行让同学执行他的意志。

小 A 对周围人群的不相适应产生了一种反抗情绪。对同学和老师采取明显的反抗，同时冷漠排斥他人，甚至会歪曲他人的好意。这种逆反心理不仅会影响班级秩序，给教师教学与管理带来影响，还不利于学生自身的发展，降低学习质量。因为自我封闭不信任他人，所以他没办法从他人身上获取有效的帮助。因此，小 A 经常处于一种焦虑、愤怒、沮丧、苦闷的消极情绪之中。

英国著名诗人约翰·弥尔顿说："一个人如果能控制自己的情绪、欲望和恐惧，那他就胜过国王。"的确，能驾驭自己情绪的人，就是自己的国王，即使不能主宰自己的命运，也可以拥有自己的快乐王国。为此，我积极寻求办法来帮助小A远离愤怒，平心静气地走向快乐生活。

三、辅导过程

首先，寻找契机，在轻松松弛的状态下初步建立沟通关系。

小A总是容易愤怒、暴躁，要想和他深入沟通，需要他接纳辅导老师，并且在他心情平静的时候进行。为此，在一次小A最喜欢的历史考了班级第一名后，作为班主任，我拜托历史老师在班上对小A多加表扬，同学们也为他鼓掌祝贺，小A脸上露出了久违的微笑。下课后，我与小A进行了沟通，我先从他的优秀成绩讲起，然后问他历史成绩优秀的原因，并且奖励了他最喜欢的奶茶。小A愉悦地坐下来，惬意地喝着奶茶，吹着空调，自信地谈他的学习心得。我采用松弛法，放松他紧张的情绪，听他倾诉成功的喜悦，感受同学们对他的羡慕与钦佩，尽量地让他感受同伴给予的支持。

其次，移情共情，体会对方愤怒的情绪，分担糟糕的情绪。

作为班长，小A在维持班级纪律的时候，遇到学生不配合甚至挑衅的情况，会非常容易愤怒生气。在这时候，我找到他，听他汇报班级课堂纪律情况。小A开始滔滔不绝地讲他在工作中的困难和委屈，同学的不理解、不配合，甚至挑衅，这些让他感到屈辱和愤怒，很想和他们打一架。小A发泄完后，我说："如果我是你，我也会很生气。老师理解你的痛苦，当班长不易，你确实受委屈了。但是，你比他们优秀，比他们有能力来解决这些问题。老师帮助你，我们一起来找方法，让每一个学生都能遵守纪律，你就不用再受这些委屈。"

再次，根据学情，分析原因，提升自我认知。

小A觉得做好一名班长就是要严格执行班规班纪，对同学们公平公正。但同学们总喜欢挑衅他，工作开展得非常不顺利，这让他经常觉得自己无能，愤怒又无奈。为此，我给他讲了海格力斯的故事。海格力斯效应告诉我们，当遇到恶性刺激时，人会产生愤怒的不良情绪。在愤怒的引导下，人们会陷入仇恨状态和无休止的烦恼中，最终形成一种恶性循环。因此，控制情绪很重要，一个人的情绪往往以愤怒开始，以羞辱结束。小A觉得自己就是海格力斯。

小A说自己从小爱生气，脾气暴。我说，他的这种说法就是在推卸责任，只会纵容自己的愤怒，最终伤人伤己，要用理智来克制自己的怒火。小A说，他生气的主要原因是同学们不合作。我追问，同学们为什么不合作，要挑衅他呢？他分析说，有人习惯不好，管不住自己，也不服管，他管不了。我说，既然他管不了，可以请其他人管，老师或者其他班干部。小A说，有的同学不尊重他，说他坏话，顶撞他。我送他几句话：亲其师，信其道，关系大于方法。如果班干部能处理好和同学的关系，管理就会事半功倍，或者不需要管理。从内心尊重同学，保持平心静气就是良方。小 A 默默点头，之后在我和其他老师的支持下积极做好班委工作。小 A 的人际关系和谐了，工作也顺利开展了。

最后，最终纪录，见证成长。

愤怒是人的正常情绪之一，我们需要做的是驾驭自己的愤怒，这是一个聪明理性的人应该做的。愤怒这种感性的情绪需要合理的宣泄。小 A 也需要理性地关注自己的愤怒，分析它、理解它，最后控制它。为了帮助他理性地对待自己的愤怒情绪，我要求他每天跟踪记录自己的情绪状态，并记录对策，用写日记的方式来反思自己的情绪状态。近来，他的情绪平稳，逐渐从愤怒中走出来。

四、辅导反思

青少年在成长过程中，极力追求个性飞扬，有较强的好胜心，在群体中争强好胜、想要与众不同，和别人一争高低，具有一定的攻击性。但当下中学生内心渴望同伴，渴望得到群体的认可和接受，这两者之间极容易产生矛盾。既能坚持自己又能接受他人，这需要胸怀，也需要方法。心理辅导老师和家长要指导他们理性认识自己的优点，从而保持自信，同时要客观认识自己的不足，看到别人的优点，宽容对待自己、谦虚向他人学习，从而保持心态平和。良好的关系从接纳他人开始。因此，好的情绪源于对人对事的态度。保持好情绪是当下中学生重要的课题。

让小女孩对世界不再畏惧

午饭期间，我在学生饭堂遇到了小丽、小黄、小珊。小丽叫住了我："君姐，小珊想找你聊聊，她心情不好。""好呀，我们去办公室吧。"高一刚刚分科，三个姑娘分到了不同的班级，现在我是小珊的班主任。我看着小珊，她一直低着头，情绪非常压抑。"小珊，你怎么了？发生了什么事情？""老师，我很崩溃，想回家！"小珊一直低着头，手里拿着我刚给她买的冰激凌，与我走在校园炽热的小路上，泪水一直在她眼眶打转。

小珊是一名艺术生，很害羞，和她说话，她总会红着脸。她和同学们的交往不多，在新的班级里只和艺术班的一两个同学有交流，平时总是安安静静的。但我知道她是一个内心非常敏感、极具个性、对很多事情有不同看法的女孩。一个学期接触下来，我知道这个女孩看似漫不经心，但是她对自己有较高的期望，而且对自己考上顶尖的艺术院校非常有信心。有理想，就有方向和力量，对她我很放心。但最近，她上课经常走神发呆，课下苦闷压抑。我还没来得及找她，她就先找到了我。

"老师，我觉得这个世界很恐怖，男人怎么这么'渣'，我以后怎么办？"她的这句话犹如晴天霹雳。"你不会是失恋了吧？"她矢口否认。她说："老师，江苏丰县八孩铁链女事件，女性可以被买卖、被家暴、被杀害，我该怎么办？"我说："这些不一定发生在我们身边，要乐观点看待这个世界，世界还是更阳光灿烂一些。"她说她身边的男生就是很"渣"。经我引导，她终于说出了原因，初中时期，她曾被一个男生表白，在拒绝那个男生后，对方就四处恶语宣扬、诽谤她。至此，她觉得男生都是"渣男"，包括她的父亲。她觉得她的父亲顽固残暴、冷漠暴力。我建议她暂时先和女同学多交往。她又说班上的女生庸俗、幼稚、无聊，觉得自己很孤独、苦闷，讨厌这个环境，也讨厌这样的自己，故而几天晚上睡不着、白天上课走神，总是愤怒生气，头痛恶心，想要赶快离开这里。

听着小珊的诉说，我深深地感受到小姑娘内心的恐惧和无助，这种恐惧让她厌恶这个世界，对外界有深深的抗拒和逃避。这种对世界悲观、否定的评价影响了她处世的态度和方法。上次家访，我见到了她口中所谓"暴君"的父亲，他看上去很温和，对小珊也很重视，对孩子的成绩现状很担忧。于是，我给小珊的母亲打了电话，告诉她最近小珊崩溃的心理状态。但她的母亲没有发现她的异常，对她的了解还停留在初中阶段，小珊已经很久没有和他们有感情交流了，她一般和上大学的姐姐交流。这些情况是高中生的父母普遍存在的问题：极其重视考试成绩，对孩子的管教主要是批评和指责，对孩子的思想和情感关心甚少。

小珊的情感没有得到父母充分的关爱，因此她的思想因极度缺乏抚慰而缺乏安全感，总是用一种消极悲观的视角来看待周围的人与事，一切看起来无关紧要的小事也会触及她的内心，引发她的担忧与恐惧。于是她用不认可、不接受，甚至是攻击性的态度来面对一切，所以看人看事总是看到不好的一面，甚至对同学很挑剔、轻视。她总能将身边或社会上的事件联想到自己身上，进而产生深深的恐惧。

马斯洛提出的人对于生理、安全、社交、尊重和自我实现的需求是心理学的激励理论。小珊没有安全感，对世界的恐惧深深地影响了她的人生观，安全感也会影响到社交、尊重、自我实现等方面。重建小珊的安全感或许是她生命中的重要课程，因此在校园里，我抓住一切机会来肯定她、表扬她，提升她的自信心和存在感，又私下嘱咐和她关系比较亲密的朋友多关心她、陪伴她。原生家庭是造成这些心理创伤的最主要原因，为此，求助家长，希望他们能改变对孩子的态度、转变对孩子关注的重点，让小珊能在愿意接纳自己的环境中生活。只有在这样友善而幸福的环境里，她才能悦纳自己，走出心灵的泥淖。

父母皆在，何以为家？

　　家是幸福的港湾，父母是孩子力量的源头。然而，父母皆在却无家可归的孤独与痛苦，可能是人生最大的悲哀与绝望。尤其是这种孤独和绝望发生在青少年身上的时候，是那样的令人悲悯、扼腕叹息。

　　小 C 是我班上的一名学生，作为一个 16 岁的男孩，他长得是那样的瘦小，说话声音极小，要想听清他的话，必须将耳朵贴在他的嘴巴上。他很文静，也很乖巧，学习努力，有上进心。我曾经认为他可能会是最省心的，没想到他却是最需要关注的那一个。

　　开学没多久，小 C 作为学习委员向我投诉英语老师，说英语老师刚毕业缺乏教学经验，又刚刚留学回国，不懂得国内的教学方式，同学们都不能接受。之后，我询问了班里的英语课代表以及英语成绩好的几个同学，但大家给出的反馈和他完全不同，大多数同学很喜欢英语老师的教学方法和风格。于是我安慰小 C，引导他积极适应新老师，多和同学们交流。他最终还是不接受英语老师，开始偷偷上网课自学，英语学习停滞不前。

　　小 C 的学习成绩开始还很不错，起初能保持在班级前 5 名，他父亲经常打电话给我，向我询问他的考试成绩。家长望子成龙的急切心理能够理解，但他的父亲总说孩子不够努力，认为小 C 沉迷于手机游戏、聊天，为此亲子关系紧张。无论我怎样说小 C 在校的良好表现，他的父亲都不能释怀，甚至会对孩子大打出手。新冠疫情暴发后学生居家上网课期间，小 C 给我发了几千条信息来诉说他的痛苦——他的父亲时时刻刻的监控和辱骂使他想跳楼轻生。我在与小 C 的父亲交流无果后，找到了他的母亲。他的母亲说她也管不住他的父亲，只能从中调停，暂时缓解两人关系。

　　在生活中我们确实看到很多关系紧张的父子，但像小 C 父子这样的是极少的。经过一段时间的接触，我得知小 C 父亲对小 C 非常关心，无论是学习上还是生活上。比如：小 C 身体瘦弱，为了增强体质、促进发育、增强自信，他父亲带他去运动，但小 C 拒不参加，进而又激化了矛盾。因为小 C 身材瘦小，他的父亲给他钱去买吃的补充营养，而小 C 将钱用在给手机充值，再一次激化矛盾。为此，他父亲从说教、责骂到大打出手，疏离而脆弱的父子关系彻底破裂。小 C

拒不回家，更是激起了他父亲的愤怒。小 C 产生了抑郁情绪，失眠，上课睡觉，和同学吵架、冷战等现象相继发生。在小 C 最痛苦的那段时间里，周围没有亲人、朋友，非常孤独和痛苦。他知道我关心他，于是向我倾诉：他觉得自己这么颓废是不应该的，但是他没有办法静下来学习。他觉得自己活得毫无意义，有很多次想要跳楼轻生。幸好身为班主任的我获得了他的信任，在无数个错过饭点的中午，我静静地陪伴他，苦口婆心地开导他，激情澎湃地鼓励他。在无数个晚上，他有时横眉冷对，有时涕泗交流，有时静默以对。或许静静地倾听是一种最具力量的陪伴。

听了小 C 的成长故事，一个生在当下这个承平时代只有 16 岁的孩子的故事，有人或许会觉得他的痛苦过于矫揉造作，但对于小 C 来说将其人生比作悲惨世界一点都不为过。小 C 曾经是一个留守儿童。对留守儿童这个群体，如果没有接触小 C，我只知道要给予他们更多的关爱，直到今天，我才觉得只是设身处地地理解是苍白和冷漠的。小 C 在家里排行老二，上面还有一个姐姐，父母皆是农民，没有读过几年书，只希望自己的孩子能出人头地。从小姐弟俩寄居在亲戚家，每一次父母的远行都让他悲伤，然而从小懂事的孩子从未将这些流露出来。每年一两次的相见，彼此也是生疏和羞涩的。我想没有多少父母愿意和孩子分离，但残酷的现实生活将孩子的内心磨砺得敏感孤独、忍耐好强。小 C 从小就倔强好强，曾经被同学欺负按在水沟里暴打，却无人问津、无人关心，甚至无人知晓，留下的是小 C 内心深深的愤怒和绝望。如果说这些是留守儿童普遍的痛的话，那么小 C 还体弱多病，如果不是病危通知书，家长还不会意识到事情的严重性。在那段艰难的岁月，吃药打针以及父母的责怪与严厉让他感受到的不是因病来到父母身边的幸福，而是压力和恐惧。没有感情的教导就是批评和指责，没有关怀的要求就是苛责和暴力。亲子关系是一切关系的起点，感觉不到爱的关系是一种赤裸裸的折磨。营造和谐幸福的亲子关系是我们终生都要实践的大事。

一心想从家庭逃离，从同学群体逃离的小 C 最想要的就是爱的港湾和精神的归宿。小 C 在网络交友方面花了很多的时间，他会在写作业的同时，在线和同学聊天。线上异常活跃、线下却异常冷漠，偶尔会找学校的心理老师聊天，但隔天就会后悔去找心理老师，怕老师嘲笑他、出卖他，对周围的人产生严重的信任危机。我希望在他还信任我的时候，做好他情感的依靠，听他吐槽和发泄，为他联系他的亲人和曾经的好友，特别是联系他的姐姐和母亲。在家庭中，母亲是调节父子关系的润滑剂，也可能是矛盾的导火索。我家访几次，找到他的母亲，希望她能了解情况，正视问题，积极寻找方法。他的母亲是一位勤劳而温厚的母亲，为他辞去了工作，用温情和耐心来陪伴他，陪他度过一个个不眠之夜，最后他顺利考上了大学。

人生路上，身为父母的我们一生奋斗只为了孩子能幸福，却错过了孩子的童年，致使他们形成一些性格缺陷，影响他们一生的行为模式。孩子的童年需要父母的爱和陪伴，望你我共勉，让孩子不再孤独悲伤。愿孩子们相信世间真爱永存，能大胆走向幸福和真爱。

欣赏他人，悦纳自己

人生于天地间，有人自轻自贱认为自己轻于鸿毛、渺如蝼蚁，嫉妒羡慕他人重于泰山、人中龙凤。人生而有异，在天地间如何笑看风云、勇于面对，是一个重要命题。欣赏他人，悦纳自己，在青少年身上亦是一个深刻的命题。

初识小B，还是在高一新生见面会上，当同学们轮流进行自我介绍的时候，一个女生迟疑地走上了台，说了自己的名字后就匆匆下了台。我认为她是胆小害羞了。两周后我们班举办生日会，让同一时间生日的同学上台许愿吹蜡烛，只有小B迟迟不愿上台，在老师、同学和她父亲的鼓动鼓励之下，她勉为其难地上了台，全程别扭、手足无措。生日会后的第二天，她过来质问我，为什么要将她的丑照展示出来。事情是这样的：生日会上，我们特地请家长发来当天生日同学的生活照，将其做成视频并播放以营造温馨的场面。现场大家都很开心，感慨少女少男的美好成长。我再三解释这不是羞辱、嘲笑她。小B虽然没有倾国倾城的容貌，但绝不丑陋。她对自己外貌的评价过于不自信，甚至感受不到他人的信任和善意。

后来发生的几件事更是表现了她对自己和他人的不信任。小B是一个特别聪明的女孩，基础知识非常扎实，听课认真，在入学后的第一次考试中，她的成绩名列前茅。如果她能正确认识自己，看到自己的优点和不足，并接受自己的不足，我想她内心会纯净安宁。但她总是觉得自己太丑，很胖，其实她有雪白的皮肤、大大的眼睛，是美人的坯子，但她纠结自己不是双眼皮，嘴巴外翘，脸上有雀斑。她身材修长纤细，却认为自己太胖需要减肥，为此节食减肥。她对自己的学习成绩也很不满意，认为自己应该考到年级前10名。求全责备有时候也是一种自我折磨。很快，她的心态失衡，认为是学校不行，老师不行，同学们对她不好，尤其是寝室的同学还嘲笑她。

某天晚上，小B怒气冲冲地来向我告状，说宿舍里的两个同学骂她，说她太脏了。我了解后发现是几个女生吃东西把自己的衣服弄脏了。一个无关自己的"脏"被她"迁移"到自己身上，也许是误会，但她拒不接受这个说法。她又说寝室里其他女生说她臭，女生们解释她们说的是洗手间臭，都认为她莫名其妙。小B和寝室的同学相处得不友好、不和谐，她自认为是室友们的"全民公敌"。

过了几天，她反映自己被本班其他寝室的女生们辱骂和嘲笑。或许是校园集体霸凌？为此，我特地向学校保安、宿管阿姨、学生处同事多渠道了解，结果排除了校园霸凌的可能。我专门请学校的心理老师给小 B 疏导，了解她的情况。心理检测报告显示，她有很大的心理压力。现实表现也证实了报告的结论，她说有女生议论她，不想在班里上课晚修，要求转到其他班级或学校。

当我联系到她的家长时，她的父亲很愤慨，说小 B 从小学习好，是他们家的希望，初中老师说她一定能考上好学校，进高中后成绩下滑很快，认为是教师有意忽视她，然后就开始谴责教师偏爱家庭条件好的孩子，不理睬贫寒家庭孩子等有关当下教育界的丑恶问题，进而批判社会不公平、老百姓不受待见等问题。她的父亲以"受侮辱者"自居，愤愤不平，满心怨恨，这和小 B 的表现如出一辙。这或许就是杰弗里·E. 杨提出的不信任和虐待性格。这个性格源于童年被虐待、摆布、羞辱和背叛的经历，这些经历会造成强烈的缺陷感，让人感到羞耻，觉得自己毫无价值，没有资格拥有任何权利去保护自己。对人的基本认知是：有人想要伤害自己，暗地里享受让你受罪的过程。因此这种性格的人总觉得有人要伤害自己。

小 B 对周围人的恐惧和怀疑从寝室扩散到班级，很快她说全楼层有的人甚至是其他班级的男生也来看她、议论她，我们特地一起查看了监控，发现并不是这样，她才罢休。后来，她说在饭堂有其他年级的男生也在议论她、说她坏话。状况最严重时，她说在公交车上，有人跟踪她、议论她，并且认为这些人是老师派去的。一个一个的恐惧，一个一个的仇人，竟然是自己想象出来的，最后小 B 求助了心理医生。不知在孩提年代，是谁伤害了她，我想与她父亲的言行脱不了关系。对于小 B，只有尽快找到曾经伤害自己的人，发泄了愤怒和痛苦，练习回击这个对象，才能摆脱无助感，不再责怪自己，要尝试信任和亲近值得信任的人，不再伤害自己和身边的人。

有很多时候我们欣赏自己而漠视、仇视他人，也有很多时候我们欣赏他人、反省自己，但是对受过伤害的人更多地要看到自己的价值，既要悦纳自己，积极乐观，也要放下悲痛，接纳他人。

不再与周围格格不入

　　掌声雷动，一场激情澎湃的班级表彰大会刚刚结束，我回到办公室坐下，小 D 就红着眼眶来找我。我开玩笑说："你是不是想拿你的奖学金来请我喝咖啡呢？"小 D 勉强笑了笑，最后还是没忍住哭了出来。她今天这一连串表现着实令人费解。这眼泪为何而来呀？这次考试无论是总分、单科、进步，她都是班里独一份的优秀，奖状领到手软。难道有什么难言之隐？我找了一个安静的地方，与她坐下来谈话。

　　小 D 说最近她感觉很多人不喜欢她。我说："不会呀，你长得这么好看。"她还是坚定地认为自己不好看，还有黑眼圈，其实小 D 的容貌可以用惊艳漂亮来形容。她却觉得越来越多人疏远她、讨厌她。同寝室的同学之前还很亲密，但现在感觉她们在排挤她。她提到的两个同学性格开朗、积极向上、善解人意，深受大家的喜爱。小 D 冷静了一会之后说，可能是自己的问题。初中也发生过类似的事情，她的朋友会渐渐地疏远她，自己融不进朋友的圈子。初中的事情令当时的她很伤心，现在这样的事情又再一次发生了，她觉得是自己的性格有问题。

　　小 D 从外表上看是一个很文静的女孩，有雪白的皮肤、秀气的五官，像一个邻家妹妹，娇小可爱，但是她身上的那股与外表不符的冷淡气质总会拒人于千里之外。她曾经的好友大多是活泼开朗、心直口快、干脆爽利的性格。我想小 D 的内心深处或许就是这样的性格，只是表现出了另一面。难道是渴望拥有积极的人际交往，只是交往中遇到了苦难，导致交往不成功？小 D 和她同桌的关系就特别好，我想了解她和几人一起时的状态。

　　这正是小 D 的痛楚。她说在几个人一起玩的社交场合，她总是脑子迟钝，不知道说什么，又怕别人嘲笑她社恐，很紧张，很焦虑，怕尴尬。她大多数时候沉默寡言、羞涩腼腆，显得很笨拙，在这种情况下她会失去理智，说话不中听，引起大家的误会或嘲笑，更是得不偿失。这正是典型的社交孤立症。这种症状的主导情感是孤独，认为自己不受欢迎或者有别于他人，而感觉被整个世界抛弃。小 D 还担心自己会和社会脱节，为未来担心不已。

　　小 D 不会说话，说话得罪人我是深有领教的。她自顾自地说话，不考虑对方的感受；不懂得察言观色，反应慢，甚至控制不了情绪，尤其是负面情绪。因此她总是说话伤人而不自知。这些社交技巧她仍需学习和练习。

更重要的是，她的孤独感是怎么形成的呢？她的社交自卑除了源于对自己容貌的不自信和对社交结果的挫败感外，还有没有其他原因呢？她与家人交流时是怎样的？当我询问这个问题时，小 D 默不作声。她说了她家里的情况，她跟爷爷奶奶最亲，因为自己是爷爷奶奶带大的。她绝口不提她的母亲，后来得知她的父母已离异。她认为她的爸爸管得很多，事无巨细，而且很强势。我家访的时候她的父亲给我留下了深刻的印象，他一定是我们班最爱女儿的父亲，无微不至，对女儿不利的条件绝不妥协退让、坚持斗争到底。但他的女儿不领情，不配合，父女关系冷淡。没有母亲在身边的孩子内心深处的孤独与自卑是深重的，或许小 D 的社交障碍源于家庭的孤独感、疏离感。

不再与周围格格不入，逐步走出社交孤立。在"社牛"横行的时代，社恐者当务之急是战胜恐惧心理，了解自己内心深处孤独与自卑的原因，增强自信心以战胜恐惧心理，努力学习社交的语言和技巧，在生活中开始慢慢练习，逐步融入社交圈。

每个人都是独立的个体，需要一定的社交圈，但不必勉强自己成为"社牛"。找到适合自己的人际圈，摆脱社交孤独，实现人格独立自由。这是小 D 的目标，也应该是不少孩子的目标。

强心注魂，加速觉醒

教师这个职业，或难于与时俱进、突破创新教学能力，或难于因材施教、立德树人的谆谆教育，或难于博采众长、自成一家的教学研究，但我想最难的莫过于对一些学生刮骨疗伤、脱胎换骨的转化。这类学生无论是被称作"差等生""后进生"，还是"学困生"，对他们教育的难点绝不仅仅是学习成绩的提升，还要为他们强心注魂，加速其觉醒。

我班上的小E就是这样一个需要费尽心力的男孩，他简直就是贾宝玉第二：潦倒不懂道理，愚顽不肯读书。行为偏僻，性格乖张，不顾他人的眼光。在宿舍，玩手机、聊天打牌、作息不守时；在课室，迟到早退、旷课、上课睡觉、不写作业。他不仅自己不学习，还给班级其他同学带来很大影响，没有任何想学习的想法和行为，也无所谓能否进步。这样一个彻底放弃学习的学生曾经却以优异的成绩考上高中，这确实让人意想不到，到底是什么原因导致他变成现在这个样子？

小E到我们班时，他已然是这样了。我向他曾经的两任班主任了解情况，他们只说，小E很聪明，但不学习，不写作业。我联系了他的妈妈，他的妈妈向我述说了他从小学到初中的优秀成绩和出类拔萃的才华，但没人知道他为什么会变成现在这个样子。询问他，他三缄其口，只说他要考中央美院。我鼓励他发奋图强，他纹丝不动。但他和我聊得最畅快的一次，后来得知他的理想是去瑞士学服装设计，他认为他的父母一定不会同意，我鼓励他尝试表达并说服父母同意，但他终究没去尝试。在聊天中我得知在进高中之前的暑假他过得很不愉快，因为不想去补课，但父母催他去。他最终还是去了，但感觉非常压抑，觉得处处受限制，自己提出的见解父母不会听，自己的人生不能由自己掌握，有一种被困住、被束缚的压抑和愤怒，挣脱不出去就只能被动接受。

这是典型的青春期心理，个人意识觉醒，渴望被认可，渴望有掌控命运的自由。但行为上做不到理性地掌控自己，没有能力独立生活，不能把自己照顾好。这二者的矛盾又增强了挫败感，感到自己的无能。挫败后的愤怒、依赖和羞耻感啃啮着他们，使他们内心崩溃无力，失去斗志。这种心理折射到学习上，就会出现学习态度上不思进取、消极被动、无所事事，意志品质上自制力差、懒散懈息、粗心马虎，学习能力上记忆力差、思维迟钝、笨拙等现象。

从小 E 的情况来看，激活内心，加速觉醒至关重要。因为父母的爱无微不至，令人窒息，但父母要真正做到懂孩子、爱孩子、教育孩子并不是一件简单的事情。尊重孩子，在日常的教育中坚持与孩子协商，不把自己的教育意志强加于孩子；要尊重孩子的兴趣与选择，不把自己的兴趣与选择强加于孩子；要将自己的教育要求，真正建立在孩子内心认同的基础上，否则，再好的教育愿望，对于孩子来说也无济于事。

今天父母对孩子的道德、责任感教育的缺失，甚至对孩子不理解父母、不感恩父母，表示了极大的担忧。不得不说，出现这种现象是家庭教育缺失、缺位的必然结果。现实是像小 E 父母一样的家长，在孩子们思想和品质教育上花的时间不多，只关注孩子的考试成绩，只督促孩子学习、做作业。一句话，父母只承担看管孩子学习的角色，而不让孩子走进家庭生活的家庭教育不是真正的家庭教育。孩子只有具备独立的人格，才能有学习的主动性和积极性。

作为老师，我积极帮他协调亲子关系，说服他的父母相信他，给他机会决定生活中的事情；在班级为他创设机会，发挥他的才华与能力，给班级贡献力量，使他融入班级；帮助他管理手机，监督他不迟到、不早退，逐步树立他在家长心目中的形象。长时间地坚持这些小事，因为有爱和希望，坚持才能产生学习和进步的力量。最后，因材施教，帮助他培养和收获学习的兴趣和获得感。无法唤醒孩子内在学习意愿的教育必然是效率低下的教育。要唤醒孩子内在的学习意愿，就必须让孩子感觉、体验、认知到当下的学习与生活是有意义的。

近来，小 E 在默默地变化着，他的眼睛有了光亮，脚下有了清风。一切转变皆来自学生个人内心主体意识的觉醒。作为老师，要适时地为学生强心注魂，充分协助自我主体意识觉醒、觉悟。作为家长，除了必要的思想精神沟通外，要大胆放手，最后孩子必将茁壮成长，亭亭如盖。

马 俊

　　珠海市实验中学语文教师，现任高二年级班主任，曾任备课组长，担任班主任 5 年，曾获校级优秀班主任、优秀教师等荣誉称号，曾获市青年教师能力大赛一等奖、市新课程新教材课堂教学案例一等奖等奖项。

希望你好好的

纪伯伦的散文诗里写道："（你的儿女）他们借助你来到这世界，却非因你而来，他们在你身旁，却并不属于你。"在家庭教育中，极度的控制欲，会让家庭彻底失去孩子，但一个孩子的生命力又远远比我们成人想象的还要有韧性，正如小灿经历过的一切。

活着都不怕，死有什么难的

其实已经不太记得是怎样的机缘巧合，小灿在周记本里写下了"活着都不怕，死有什么难的"这句话，我怎么也忘不了初次看见这句话时的震惊。小灿是我的语文课代表，高一分班后，他来到我的班，主动要做语文课代表，我也欣然接受了。可能是我没有犹豫的接纳，他的心门微微向我敞开，让我窥见了一点点不足为外人道也的过往。

当时所有人包括我在内，都认为他有一个极好的家庭，父母在香港有房产和企业，听说还是上市公司，然而小灿的成绩一点都不突出，老师们无一不惋惜。

那是一个午后，我找来小灿，询问他为何会有这种感触，本来我以为这只是少年强说愁的牢骚，不想他却说了一句我怎么也没有想到的话，"老师，你知道吗？我在初中时曾离家出走，我妈报警，这事儿还上了报纸"。

我当时很震惊，但同时也知道，他要说的不只是这些，我便鼓励他接着往下说，可是后来的内容让我既难过又生气。原来他的父母对他的教育方式简单且粗暴，做了错事就揍一顿，长大后揍不动了，就用高压控制，家里到处都是监控，上厕所、吃饭都规定了时间。我很不解，他的父母难道不会心疼自己的孩子吗？

他苦笑一声，说："现在的父亲是继父，我没见过我的亲生父亲，听我母亲说，我的亲生父亲被抓去坐牢了，我的母亲都没有和他结婚，他们说这么严格要求我，是怕我学坏。"

那一刻，我也不知道该说些什么了。

他 / 她说谎！

后来我和他母亲进行了多次沟通，他母亲的言行让我觉得她并不像小灿说的那般，为人还挺通情达理的。他母亲说，小灿和继父关系不好，所以现在她都让丈夫少回珠海，但是她也希望自己的儿子能有出息，或者去香港读书，或者去国外留学。但是孩子不听话，整天玩游戏，为了防止他偷偷藏钱，她每周只给小孩150元，让他刚刚好够吃。她所做的事都像是一个希望孩子迷途知返的母亲会做的，直到她郑重地告诉我："老师你不要相信他，我儿子满口谎言！"

那一刻，我感觉到一种强烈的违和感，我突然觉得说谎的也许不是她儿子，是她。

但我也无可奈何，作为一个老师，我能做的实在是太少了，加之小灿是个倔强的孩子，他反抗的手段就是一次次从他妈妈安排的车上逃走，然后跑到24小时营业的书店待着，第二天再回校。

我问他为什么要这样，他说："我不想回到那个全是监控的房子。"

就这样，在与母亲的"斗争"中，一个学期结束了。

在暑假即将结束的时候，我接到了小灿的电话，他问我："老师，你家能借我洗澡吗？我回不了家，我妈换了锁。"

等他在我家，收拾好自己，洗了澡吃了饭，我才知道，他妈妈趁他不回家的几天，找人把门锁换了。我半信半疑地给他母亲打了电话，他母亲说她没有换锁，是小灿没有多试几次，并且强调她不可能会故意换锁。

小灿听了母亲的解释后沉默了几秒，无奈地和我说，"老师，她说谎。你知道吗？她以前就是这样，告诉我的初中班主任，不要相信我，说我只是扮可怜，我说的全是谎话。她还会拖欠经常收留我的补习老师的工资，住着几百万的房子，给不起三千元的补习费"。

但是，哪怕有一丝的真诚，孩子也会给予父母十分的信任，小灿决定再回家看看，也许他的母亲并没有那么做。

直到晚上十点，我才接到他的电话，他特别沮丧，原来他回家后一直打不开门，路过的邻居阿姨告诉他，前几天她亲眼看着他妈妈把锁换了。他只能先在天台睡一觉，第二天再想别的办法。

那一晚，我彻夜无眠。

老师，我回学校才知道我退学了

本来我想着暑假结束，和小灿再好好地聊一聊，结果新学期学校有了新的安排，我不能够再担任小灿的班主任了。因为担心他，我特意和他新的班主任说明了他的情况。

后来的日子里，我也陆陆续续从同事、学生的嘴里知道，他仍然在和他母亲斗智斗勇，但幸运的是，同学们很喜欢他，知道他的情况，会给他悄悄地过生日，因为他母亲只会塞给他两百元；知道他没有地方去，会偶尔带着他回家过一晚，因为他进不了家门；知道他没有钱，会偷偷塞钱给他，因为他妈妈不给他生活费，也不准邻居阿姨借钱给他……

就这样他一天天地长大，那时候我想，也许他熬进大学，独立生活后会苦尽甘来。但直到某一天，本应该高二的他发给我一条信息："老师，我回学校后才知道我退学了。"

原来，没有生活费的他逃了两周的课，去外面打工，级长只好通知他母亲，结果他母亲二话没说就办了退学，要给他转校。但这个时候，已经没人能找到小灿了。他母亲在这时终于有些着急了，拜托我联系他，但那时候小灿已经拉黑了我。

小灿为了彻底摆脱他妈妈，和所有人失联了。

老师，谢谢你

一年后的暑假，小灿在我生日的时候又加了我好友，还发了一个红包给我，上面写着："老师谢谢你，你对我的好我都记得。"我又惊又喜，在我的追问下，他告诉我这一年他找了工作，希望在今年七月能办好身份证，他已经十八岁了，可以独立了；他告诉我，为了不让他母亲找到自己，他切断了与所有老师的联系，虽然一个人很累，但从来没有这么自由和快乐；他告诉我现在他有地方住，虽然不大，也很简陋，但是可以自己煮饭；他告诉我，虽然他没有钱，但仍然能够攒一些，然后去外面看看；他告诉我，虽然机会渺茫，也许有一天，他还可以自考个文凭……

后来我时不时刷朋友圈会看到小灿和他妈妈的生活纪录——一边是小灿这一年里自由且不易的生活，一边是他母亲和她的丈夫开心地享受顶级情人节套餐，他们母子终于还是在人生路上走散了。那一刻，我的心情特别复杂。

往后余生，希望你好好的

小灿的成长轨迹时刻警醒着已为人父母的我，父母对孩子的控制并不是爱，反而会把孩子一步步从我们身边逼走，我们应该帮助他成为他想成为的人，而不是当他无法长成我们期待的样子时，便毅然舍去，仿佛这个孩子没有存在过一般。

但这个被舍弃的孩子一路"野蛮"生长，这几年，他慢慢地长大，今年终于拿到了只有一个人的户口本，找到了稳定的住处，辛苦地攒着钱。家庭在他看来从没给他提供过任何的养分，但他像野草一样有了顽强的生命力。某种程度上，我非常敬佩他，家庭教育的缺失并没有让他变得一蹶不振，或许是因为他遇见了还不错的老师和朋友，让他觉得生活也是有一点点甜，有一点点盼头的。这个早慧的孩子，其实心里早就明白，正因为"活着都不怕"，才要更勇敢地活着。我们无法选择自己的父母，但我们可以选择自己活着的方式，在这个孩子身上，我看到的是自立自强。正如罗曼·罗兰说的，世上只有一种英雄主义，就是在认清生活真相之后依然热爱生活。

往后余生，都希望你好好的。

真诚是父母给孩子最好的礼物

　　家庭是高中生成长的重要环境，父母是高中生的重要他人，很多时候父母的教育方式会对高中生的自我和谐状况产生重要影响。一个家庭能否很好地沟通会对高中生的自我成长起到重要作用。亲子关系一定是双方的互动，作为成年人，我们却很少能够坦诚地承认自己的错误并做出改变，可是当我们迈开这一步时，会发现意外的惊喜。小程同学的故事便让我懂得，真诚是父母给孩子最大的礼物。

　　开始关注小程是因为他在一次校运会上拿了百米的冠军，当时老师、同学们一致认为他是一个跑起来像风一样的男孩。本来以为喜欢奔跑的他是个开朗乐观的孩子，但其实那时候的他已经很不快乐了。

　　在一个很平常的晚修，他主动过来找我，告诉我他最近情绪很不对劲，极度消沉，没有动力，上课会不自觉发呆。他也试图和父母沟通，但父母认为这只是学习态度不端正，并没有当一回事。那一晚他和我说了很多，让我印象最深刻的是，他说他曾经是市里的百米冠军，因为受伤做过手术，已经不能走职业体育的路了，这件事情让他很沮丧，对未来丧失了目标。

　　我建议他和家长再进行一次沟通，但他认为父母只会指责他，他还特别强调，之前的一次物理周测他考到了班级的第一名，当他兴致勃勃地告诉父母的时候，母亲只是说了一句"物理考第一有什么用"，这让他很难过。

　　我安慰他："如果我们换个角度，你的母亲告诉你你很棒，但是除了物理，其他科还比较薄弱，你要再努力，这样你会感觉好一些吗？"他想了想说，"这样就好多了"。我向他解释道："这可能并不是你的母亲在否定你，她只是不知道怎么更好地表达，也许换个角度你就能接受了，需要我替你和你的母亲沟通吗？"男孩点了点头。

　　第二天中午，小程的母亲刚好打电话来和我沟通孩子最近的学习问题。小程母亲认为孩子态度很不端正，他们一询问他学习的情况，他要么不回答，要么发脾气，怎么说都没有用。我耐心地听完了她的表述，试探着问了一句："听说孩子的短跑很不错，还得过全市的冠军，怎么没想着让他走体育路线呢？"

　　小程母亲叹了口气，说："作为一个妈妈，我实在不忍心看他再受伤做手术了，就让他别再走体育这条路，而且他的舅舅也是老师，看过很多体育生最后'竹篮打水一场空'，体育过不了，文化也学不好。"

听到这里，我认为小程母亲其实是很关爱孩子的，也许是方法不对，也许是不够细心，没有真正了解到孩子的苦恼。我又问她："那你知道你的孩子在这半年其实已经出现了严重的睡眠障碍了吗？他晚上会长时间失眠，即便睡着也会做噩梦。"

这个时候，小程母亲沉默了。

隔了一会，她才说，"我都不知道这个情况，他怎么不和我说呢"。

听得出来，她有点后悔又有点懊恼。

我告诉她，"孩子其实一开始也没在意，是最近觉得不对劲，寻求了心理老师的帮助，才发现这原来是一个很严重的问题。但他又不敢和你说，觉得你不会听他的解释，只会说'物理考第一有什么用'，只要一想到这些，他压力就更大了"。

小程母亲又沉默了一会，轻轻地说，"我没想到他会这样想，我也是着急，没注意到他这些问题，当然是他的身体最重要呀……"

与小程母亲沟通后，我放心了很多，言语间小程母亲虽然性子很着急，但并不是一个很难沟通的家长，了解孩子的问题，也能够知道问题出在哪里，甚至可以很快地承认自己的错误。

其实，小程母亲很快就作出了调整，她在当周就和孩子进行了一次很真诚的对话，互相分析彼此的问题，也会勇敢地在孩子面前承认自己的错误，并且马上预约了心理医生介入，结果出来后她和我反馈——小程是中度抑郁症。家校进行了很好的沟通与协作，我也找到了心理老师进行咨询，更有效地帮助小程。小程无不感叹地说，"妈妈这样真好，原来她是爱我的，要是以前也能够这样就好了"。亡羊补牢，未为晚也，我相信，现在做出改变一定也来得及。

虽然小程的情况有起有伏，但总的来说还是朝着好的方向发展。小程恢复了体育训练，他说："能开始训练我已经很感谢老师你了！每天有一点点的进步，感觉真的很好。"但要说改变最大的或许是他与父母之间的亲子关系了，自从他们把话说开了之后，亲子关系变得更和谐，父母与孩子之间也更加真诚。小程很高兴，他终于明白，父母并不是不关心他，只是他们的大嗓门让他觉得他们是在质问，而且他的母亲也是可以温柔地爱他的，他觉得这样真的很好。

不管怎么样，小程现在仍然还在和抑郁症作斗争，父母的爱会成为他这一路上的动力。最近这次期末考，他的成绩与之前相比有了起色，虽然名次还是比较靠后，但是他的父母再也不会永无止境地责备他，而是能够好好听他表达，了解他的想法。

　　我觉得，小程终究还是幸运的。他的父母虽然急躁，有时候没能观察到孩子的内心，但是给了他最珍贵的礼物——真诚。真诚是人与人沟通最有效的手段，尤其在亲子关系中，平时扮演权威的父母可以认识到自己的不足，真诚地向孩子道歉并且做出改变，是一件多么珍贵的事情。有句话是这么形容亲子关系的，"父母一生都在等待孩子说谢谢，孩子一生都在等待父母说对不起"，而在小程一家身上，我看到的却是，当父母开口说对不起，孩子也会说谢谢。我相信，小程会从他的父母身上学到真诚，也会受益良多。

他们的话有棱角

"有时治愈，常常帮助，总是安慰"，这是长眠在纽约东北部撒拉纳克湖畔的特鲁多医生的墓志铭。这句话的意思是，传递一种人性，在平等的基础上表达情感，安慰也是医学的一种责任，绝不能敷衍了事，有时候它的社会意义大大超过了"治愈"。我认为这句话在某种程度上也是适合教师群体的，大部分的时候我们面对各种各样的孩子，并不能够"治愈"所有孩子，我们甚至不能够保证他们可以更好，往往还需要和他们一起与家庭拉扯，但最终的结果往往是无效的。作为老师，面对孩子在家庭中受到的伤害，我们仅能做到的也只有"总是安慰"。

从教十几年，不知道是气质使然还是运气使然，我带的班级都很活泼，喜欢运动的孩子特别多。因为班级整体氛围非常欢乐，有时候让我没办法轻易发现隐藏在欢乐之下的无奈，甚至一度让我有了"喜欢体育的孩子都乐观开朗"的错误认知，但幸好学生还是很相信我的，会主动和我沟通，寻求我的帮助。

在某个周五的晚上，我洗漱完毕准备入睡，突然收到学生发来的微信："老师，我能和你聊一聊吗？"

原来是我们班的小昭发来的信息。小昭是我们班的体育生，大家都说他体育特别好，长得也很阳光，听说还和别的班级的小姑娘偷偷谈恋爱，我以为他要聊的是这件事情，于是假装不经意地问他："怎么了？夜深还不睡，是失恋了吗？"

结果小昭说不是，他现在没谈恋爱了，正坐在自家楼下，不敢回家。听完之后，我很担心他，在我追问之下，他说因为周五放学晚了，辗转公交车回到家也快九点了，但他不想回家，想在楼下坐一会，结果没多久他爸爸回来了，他更不愿意回去了。

我当时很疑惑，他为什么不肯回家，是与父母的关系不好吗？

果不其然，小昭的回答证明了这点，平时妈妈还只是唠叨，他觉得不如晚点回去，那样妈妈不会念叨太久，谁知道爸爸回来了，小昭平时和爸爸的关系就不是特别好，爸爸对他不是破口大骂，就是冷嘲热讽，他不喜欢这种感觉，有时还会觉得有点害怕，现在这么晚了，也不知道该怎么办。

我先是劝他赶紧回家，这么晚不回去他的父母会担心他的安全。好说歹说，小昭不情不愿地回了家。

过了几天，小昭来办公室找我，向我说了他的苦恼。原来他是家里的老二，还有一个姐姐和一个妹妹。父母年纪比较大，爸爸已经快六十岁了，妈妈也五十多岁了，所以在亲子沟通上有代沟，再加上爸爸是中山大学毕业的高才生，姐姐也顺利考上了中山大学，所以爸爸对他有很高的期待，加之老一辈的观念，认为学体育没出息，坚决要让他选文化科。无论是父亲对他的期待，还是对体育的偏见，这些都让他特别痛苦。

于是我建议小昭可以将平时说不出口的话写出来，不要觉得不好意思，最重要的是真诚地表达。我花了很长时间动之以情，晓之以理，告诉他：人与人之间的交往，真诚可以打动一切。虽然小昭觉得写信有些别扭，但比直接说要好多了，也愿意去尝试。

但是我万万没有想到，在半个月后，小昭来找我，他的样子快要哭出来了，特别委屈地和我说了一句"原来他们的话是有棱角的……"我赶紧放下手中的工作安慰他，等他平复下来，他特别沮丧地和我说："他根本不看我的信，说我只会说一些乱七八糟的东西，就把信扔了，他竟然看都没看就扔了！"那一刻我明白，他的爸爸毫不在意地关上了孩子好不容易敞开的心门。我也词穷了，感觉到学校教育和家庭教育之间的撕扯，只能尽全力地安慰他，告诉他，他的父亲可能不习惯这样的方式，但他不能否定自己。但再多的安慰都很苍白，孩子仍旧特别沮丧。

后来我也针对这件事情委婉地和他的父母进行沟通，试图让他们对孩子多一点肯定，多一点表扬，但是他们给我的反馈是"他没有什么地方表现好到值得我表扬""体育好有什么用，以后也是没出息"，他们之间的亲子关系一直没有得到很好的缓解。我能够做的只有当孩子特别难过来找我倾诉的时候，尽可能地开导几句、安慰几句。

到了下学期，因为各种原因，我没有再继续担任小昭的班主任，我想也许他熬过了难过的青春期，到了大学，有了能够展翅高飞的能力之后，家庭对他的影响可能会小很多。但事与愿违，后来我从其他学生那里陆陆续续得知，他最终被确诊为双向情感障碍症，因为服用药物的关系，每天昏昏欲睡，成绩没有一丝起色，连曾经喜欢的体育也不知道能不能再坚持下去。很多时候，当老师在学校做了许许多多的努力，帮助孩子建立起了一点点自信心的时候，家人的三言两语就能将他击溃。我们作为老师，在家庭教育面前有时候真的很无力，能够做到的也只有时时安慰，在学生需要我们的时候，能够给到一点小小的慰藉。也不知道有没有哪一刻小昭的父母心里会有那么一丝丝的后悔呢？

美国的心理学家海姆·G.吉诺特说过，"我们不但要有一颗爱孩子的心，更要懂得如何去爱孩子"。作为家长，我们不仅仅是出于本能爱孩子，认为我们所做的一切只要是为了孩子好就是对的。中国式的家长非常吝啬给孩子赞美和肯定，这可能也是未来我们在家庭教育中需要做出积极改变的。《正面管教》一书中也提道："我们究竟从哪里得到这么一个荒诞的观念，认定若想要孩子做得更好，就得先让他感觉更糟？"

当父母没有办法让孩子感受到"我能行"这个信念，孩子就没有办法真正认可自己的能力，而老师在学校做的所有工作，时常会沦为"安慰剂"，孩子在这里获得一时喘息，但最终回到家里还是要面对父母无法沟通的状况。也只有当家庭教育和学校教育可以保持在同一步调时，孩子才能够得到治愈，才能够获得养分，才能够一路沐浴阳光，顺利成才。

不要成为"鸵鸟"式家长

　　在与家长沟通的时候，老师们经常会看到很多父母会否认自己的孩子是有问题、是需要接受帮助的。这其实是一个很普遍的现象，因为很多父母持有这样的一种观点，他们会觉得孩子只是现在不听话、不懂事，或者觉得孩子只是因为处于青春期，容易叛逆，长大一点就好了。其实这样的想法很容易理解，因为孩子是父母的一个美好期待，但同时这也可能是对孩子目前正在遭受的困难的否认。

　　小然是我第一年当班主任时遇见的孩子。我第一天见他，就觉得他有一种说不出来的怪异，除去他走路的姿势很奇怪之外，他对我布置的一些任务视而不见，有时候还会夸张地捂着耳朵跑出去。当时我不以为意，以为是孩子的个性使然，军训期间，他很听教官的话，所以我也没有多想。

　　直到开学。

　　首先是英语老师和我抱怨，我们班有个孩子上课发言经常连手都不举，就会大声嚷嚷，说的话也不知所云，这让她上课很尴尬，希望我沟通一下；接着是数学老师和我说，我们班有个孩子除了会大声嚷嚷之外，还会在听到批评后捂着耳朵跑出去；然后生物老师也和我投诉，有个孩子会经常在下课后过来问她一些很奇怪的问题，并且他似乎不太知道合理的社交距离，会和老师贴得很近，让老师非常不舒服……

　　为了解决这些事情，我和小然沟通过很多次，每次不是他嗯嗯啊啊地胡乱答应，便是捂着耳朵跑开，几乎无法进行有效沟通。而他上课的状态一直没有好转，后来也会有学生过来和我哭诉，小然已经发展到会去攻击那些在课堂上被老师表扬的学生。

　　实在没有办法，我和小然的妈妈进行了多次沟通。在沟通过程中，我了解到小然的妈妈其实是一名临床医生，会参与各种大型手术，也算得上是业界一把刀。她告诉我，小然从小是被外公外婆带大的，外公外婆都是教师，家里所有的长辈也几乎都是教师，从小他们对小然要求很严格，一点事情做不好都会被训斥，走路没有走直线都会被念叨。听完小然妈妈的介绍，我都感觉很窒息。

　　但是小然的妈妈只是认为家庭环境有点严苛，导致孩子听到批评就会反应过度，不太认可我说的——孩子可能是心理发育有障碍。基于家长的态度，我也只能再多观察，同时也向心理老师咨询。当我将小然的情况告知心理老师，她也没有办法马上告诉我这是什么状况，打算去省里开座谈会时咨询中山三院的教授。

接下来的半年里，我因为这个孩子每天都度日如年，每天上班都心惊胆战，随时要硬着头皮处理这个孩子给我带来的"惊喜"，比如在全校做广播操的时候，小然会爬上领操员的高台，用极其夸张、过度标准的动作带操，引得全校学生哈哈大笑，而真正的领操员在下面干着急；又比如班上的孩子会担忧地告诉我，小然每天放学会翻班里的垃圾桶，有时候还会吃别人没吃完但是已经扔掉的食物；又比如小然在攻击别人时，会被一群男生反过来制衡，有的男生还会用很难听的话骂他……

这一切的行为都在告知我一件事情，这绝对不是一个身心健康的孩子会在学校做出来的行为。针对这些，我又紧急和小然的妈妈进行沟通（他的爸爸始终没有出现），小然的妈妈坚定不移地认为她的孩子是完全没有问题的，不需要看心理医生，甚至说她以前带他看过医生，医生说这都是青春期发育的正常表现。日子就在我们一次又一次的沟通无果中度过了。

直到有一天，生物课下课，生物老师正在回答学生的问题，小然跑过去，不知道是因为太喜欢生物老师了还是别的什么原因，他一把就抱住了生物老师，把这位年轻的女老师吓得一边尖叫一边挣扎，但是小然牛高马大，抱得紧紧的，后来在好几个男生的帮助下，生物老师才挣脱开。

事后，年轻的生物老师吓坏了，和我投诉时还惊魂未定，一边哭一边让我一定要严肃处理，希望得到领导们的重视，不然她的课都没法教了。在我一筹莫展，不知道怎么办时，心理老师联系了我。原来之前我向她咨询后，她一直记在心里，凭借她的专业直觉，这种会对同龄人有攻击性行为的孩子，问题多半不好解决，于是她在省里开研讨会时，特意在会后向中山三院的教授提到这个孩子的事情。她说教授在听完她的描述后几乎没有迟疑就告诉她，这应该是阿斯伯格综合征。这种孩子一般在某些方面有天赋，所以他可以在中考中凭借自己的能力考上高中，也能够进行简单的沟通，但他不懂得怎么和别人相处，尤其是小然处于青春期，会对异性感到好奇，可是他又不懂得怎么与异性相处，于是本能地贴近与拥抱，而这种行为对于高中生来说，是相当不合适的。最后教授还提醒心理老师，面对这种孩子要尽早干预，这样孩子回归正轨的概率会更高，因为小然已经出现了攻击性行为，一定要特别关注，再不干预可能就会错失最后的机会了。

听完心理老师的反馈，一直困惑我的问题终于有了一个明确的答案，让我不再那么惊慌失措，至少知道了问题的原因。我以为有了权威的答案，身为医生的小然的妈妈一定能够更好地理解，孩子也会得到更好的干预。

　　但是一切都在我的掌控之外，小然的妈妈极度抵触教授的说辞，她认为她的孩子完全是正常的，只是处于青春期而已，怎么会有什么综合征呢？她的孩子很好学，只要威胁他不让他上学，他就会乖乖听话，她的孩子还要考医学院当医生呢。我的意见她完全听不进去，更别提让她带孩子看心理医生了。她固执地认为自己就是医生，她的孩子再正常不过了，拒绝承认她的孩子患有阿斯伯格综合征。

　　这事情闹到最后，连学生处主任、副校长、校长都出面来和她沟通，可是只要我们委婉地提出是否能够让孩子接受专业的评定，小然的妈妈就会歇斯底里地怒吼，认为学校是在推卸责任，她的孩子有上学的权利。到最后，大家身心俱疲，校领导们也无可奈何，只能叮嘱我注意小然的行为，保证其他孩子的安全。

　　高一就在战战兢兢中度过了，分班之后，小然去了其他老师的班级，可是看着他越来越严重的刻板行为和越来越不同于其他孩子的举措，我心情特别复杂。心疼、心酸、害怕、沮丧交杂在一起，我看不到这个孩子的未来，也不知道他还有什么可能性。

　　后来他毕业了，当然没有考上什么好学校，更别提他心心念念的医学院了。再后来我偶然在逛街的途中远远地看见了他，那时候他应该在读大学了，可是他却穿戴整齐在翻路边的垃圾桶，不知道在找些什么。那一刻我不忍直视，感觉再多看一眼，眼泪就会忍不住地流下来。

　　至今十几年过去了，不知道他生活如何，能否拥有衣食无忧的生活呢？

爱是最好的养分

　　小宇是个不太爱说话的女孩，长得清秀乖巧，成绩也不错，特别是语文和英语。虽然数学不是特别理想，但小姑娘对此很淡定，学习起来有条不紊。

　　某次中段考结束，小宇的语文和英语都考了班上的第一名，但数学不及格。回家后，她爸爸给我打了电话，语气又心疼又焦虑，说看着孩子抱着爷爷哭得上气不接下气，实在是太可怜了，他很着急但又不知如何是好。

　　我只能安慰他，孩子能真实地发泄情绪是很好的事情，并且孩子的英语和语文是非常优秀的，不必过分焦虑。但她的爸爸还是忧虑不止，有些反应甚至让我感到疑惑，这么淡定的孩子怎么会有一个如此急躁的爸爸？

　　后来我才知道，小宇生活在一个单亲家庭，她的爸爸又当爸又当妈，因为孩子小的时候和爷爷奶奶生活在一起，所以和爸爸没有那么亲近，现在相处在一块，父女俩经常不知道该说些什么。爸爸性格急躁，女儿性格温暾，这让小宇爸爸急切地想从学校了解孩子的情况。本来我还有些担心孩子的家庭情况会影响到她的成长，但在和小宇爸爸沟通的时候，我感受到了他们父女间的默契与爱，也逐渐懂得孩子为什么能够内向却不胆怯，优秀却不骄傲，直爽却不冒犯，一定是家庭给了她充足的爱。

　　比如家长群组建第一天，小宇爸爸就联系了我，介绍了小宇在初中获得的各种奖项，说她会作为学生代表在高一第一次集会时发言，同时她还会跳舞、朗诵、主持。每一句话都流露出对女儿的骄傲与自豪。

　　又比如小宇爸爸会仔细观察孩子在家的状态，和老师沟通孩子在学校的事情，我逐渐发现，他其实很少过问孩子的成绩，偶尔说起成绩，是因为太过担忧孩子数学成绩不好影响孩子的情绪。更多的时候，他问的都是孩子吃得好不好，睡得好不好，有没有交到好朋友等生活细节。他是真的在意孩子快不快乐。

　　再比如小宇爸爸说有一天和小宇一起逛超市，小宇给他买了两罐啤酒，他特别激动，觉得孩子长大了，终于能够体谅他的辛苦，知道他喜欢喝啤酒特意买给他，可把他感动坏了。结果，回到家后，小宇告诉他这啤酒是她最喜欢的偶像代言的，一定要多多支持。

　　后来在学校我拿这件事情调侃小宇，我说你爸爸就差把"宝贝女儿"四个大字刻在额头上了。小宇听了眼睛都亮了，说："是吗是吗？老师我爸爸真的这么说吗？他做了什么让你这样觉得？"看着孩子眼里的光，还有什么不明白呢，暴走爸爸的爱，这个内秀的孩子早就接收到了。

　　那一刻我突然理解了暴走爸爸和淡定女儿之间的羁绊，爸爸无微不至的关心和照顾，其实孩子都知道并且为之骄傲。

　　高一结束的时候，小宇选择了她更擅长的文科，不那么擅长的数学终于拦不住她名列前茅的脚步，看着她稳定的好成绩，不知道她爸爸是否又在为她别的事情而操心呢？但我相信，只要有爱，孩子在面对路途风雨时，一定信心满满，无所畏惧。

长孙淑娟

现任珠海市实验中学高二年级班主任，曾多次获得校优秀教师称号。从教以来，工作认真负责，生活乐观向上，始终坚信心存一份感恩，再黑暗的地方也会有光明。

没有实现的留学规划

2016 年初高一下学期分班，我成为一个理科班的班主任，班上有一个白白净净的男孩——沈同学。开学不久，他告诉我家里已经为自己规划好了，他高中毕业后要去英国读大学，不走国内的高考体系，因此他一直在忙着学习英语，准备雅思考试。

刚接手新班，我对沈同学了解并不太多，他高一上学期期末考试成绩排在班级前 30%。随着时间的推移，我发现他花在英语之外的科目上的时间越来越少，甚至作业都无法完成。沈同学本身是个较为聪明的孩子，基本的理科逻辑思维能力比较优秀，但由于没有沉下心深入练习，各科知识掌握得并不是很牢固，对一些概念的理解浮于表面，因此考试成绩有一些下滑，期末考试跌到班级的中等水平。

高一期末家长会，沈同学母亲跟我聊了家里的概况，沈同学母亲是律师事务所合伙人，父亲是生物学博士，是本市一家大型药企的高管。这是妥妥的高知家庭，父母都是精英，送孩子出国留学也基本是顺理成章的安排。但我同时也听出了母亲在孩子教育上的困惑：孩子叛逆、个性、懒惰，软磨硬泡不听劝，家长寄希望于学校教育。他的母亲多次感叹，自己和丈夫在工作中非常自律投入，少年时代学习也很刻苦，几乎不让父母操心就能名列前茅，但不知为何孩子就没有遗传自己刻苦认真的特点。

高一暑假，沈同学去了英国姨妈家旅游探亲，体会了海外精彩纷呈的生活，还没有尝到留学中可能面临的困境，就早早结束假期回国了。回来后沈同学更加期待两年后的留学生活，对比之下，眼前枯燥的高中生活令他觉得有些难熬。从高二开始，数理化学习难度加大，沈同学在高一并没有养成良好的学习习惯，也没有打下坚实的基础，完全跟不上高二学习的节奏，几次测验都名落孙山，成绩一落千丈。

我曾多次找他谈话，提醒他除学习英语外，还要注意各科均衡的学习，保证各科学业水平考试也取得一个较好的 GPA，这对他留学申请学校也非常重要。不知道是心有余而力不足还是压根没有听进去，在此后的学习中，沈同学并没有多大的变化，学习依然跟不上。后来和其家长沟通，他的母亲只是陆续表达了对孩子高中两年学业表现的失望，但没有给出一个切实可行的计划督促孩子投入学习。在高二升高三的考试中，沈同学的成绩下落到了倒数 20%。

高三刚一开学，沈同学的母亲说孩子成绩太差，放弃送孩子留学的念头。而沈同学本人也因为心心念念的留学计划夭折而陷入郁闷，并没有信心参加"千军万马过独木桥"的高考，他觉得自己基础没打好，要应付高考太仓促，幸好，沈同学还算聪明伶俐，经过努力，最后考上了珠海当地一所三本院校。

反思沈同学的高中生活，他出身精英家庭，父母是高知分子，成长环境优渥，如果按照正常思路发展，可以考入一所非常理想的重点院校。由于沈同学的父母疏于对孩子具体学习生活的关心，以惯性的思考方式规划孩子的发展道路，并没有根据孩子具体的学习情况及时调整策略，最后让孩子有严重的挫败感，进而自暴自弃。在我看来，即便不能出国上名校，家长也应该针对孩子自身的学业水平，有针对性地积极申请学校，给孩子赢得一个更好的机会；即便放弃出国，回归高考体系，家长也应该积极引导孩子调整心态，让孩子在有限的时间里尽可能地追回落下的课程，让孩子体会奋斗拼搏的滋味。高三这段奋斗经历，本身就是一种成长，让孩子在面临以后的学习机会时能从容选择。

每一个个体都是独一无二的，每一个孩子的成长和教育也都是非常私人化的过程，家庭和学校需要根据孩子在不同阶段的个性和认知水平进行动态的灵活调整，孩子未来的路才能走得更好。

爱，慢慢地靠近

——漫谈新疆内高班科任教师心路成长历程

教师是一个永远年轻的职业，因为我们总是和学生打交道，天天都是与朝气蓬勃的青少年生活在一起，心情总是愉快的。作为一个教书生涯不足五年的青年化学教师，这些年苦乐参半的岁月已经给了我精神上的满足和期待。第一年上课偶然发现超时，或者预设的问题没有学生回应时的慌张激动；第二年做班主任迷茫无助时的不知所措，和学生一起处理繁杂的日常事务时的轻松惬意；第三年带毕业班时紧张繁忙的生活节奏，身体疲惫却充实满足的每个工作日；第四年毕业班成绩提升后欣慰的心情……这些都让我难以忘怀。我希望我给学生做的"传道""授业"和"解惑"在他们身上最大限度地发挥作用，多年以后，无论他们在哪里，他们都能推动社会文明不断向前发展，这是我做教师的最大心愿。

如今是第五个年头了，学校为了促进我更好地发展，给予了我更高的挑战，让我带高二新疆班的化学课，而且是重点班，对我教学能力提出更高要求的同时，和民族学生相处这项陌生的工作更是一个挑战。半个学期下来，我也慢慢摸索出了和新疆班学生的相处之道，时而我用自己的专业和自信吸引学生认真汲取化学知识，时而我被学生的真诚和单纯深深打动，时而我用幽默诙谐的短片引得学生阵阵哄笑。几个月的短暂努力让我对接下来的教学工作自信满满，下面按照时间顺序介绍几点我在做新疆班老师时的看法和做法，算不得经验，就当是和各位分享一下我的经历。

一、建设民族班　任重而道远

学校的新疆班是广东省政府响应党中央支援西部人才计划，从 2005 年起在全省十所重点中学开设的新疆民族学生特招班，主要招收新疆维吾尔自治区里成绩相对较好的少数民族初中生来广东沿海地区免费接受相对先进的高中教育，以期为高等院校输送更高级的培养对象，这些学生毕业成才后将回到西部支援祖国建设。这是我国政府在教育上照顾少数民族的政策之一，对增进各民族的大团结和凝聚力，保障国家的安全和边防巩固有重要意义。

市教育局和学校都非常重视新疆班的建设和发展，数次召开教师工作会议介绍如何让新疆班学生在思想政治方面配合学校教育，树立马克思主义的国家民族观、历史宗教观和文化素养观。由此可见，做新疆班的代课老师，一方面意味学校对我过去成绩的肯定，另一方面也要求我投入更多的时间并更加专业地工作。

少数民族的学生从遥远的边疆、高原、戈壁或者大山来到海滨城市珠海，远离父母和亲人。这些学生身上具有年轻人的共性，又具有少数民族自己的特性和习惯。因此，新疆班学生的生活、学习需要加倍的关爱和照顾。爱和责任要求我尽量处理好每一处细节，做成功了就会变成一种精神的力量，这恐怕就是所谓"传道"的一种境界吧。

二、做好准备初次交手

得知我带新疆班是在暑假，之后，我第一时间和前几届带过新疆班的比较熟悉的同事约定一起吃饭。我想从他们那里尽可能多地学到和新疆班学生相处的经验以及禁忌等心得。通过了解，我知道了新疆班主要是回族和维吾尔族的学生，也了解了他们的一些习俗。比如：回族的禁忌习俗，在信仰方面，禁止崇拜偶像等；在社会行为方面，禁止放高利贷，赌博等。维吾尔族吃饭和交谈时忌摸鼻涕、打哈欠、吐痰；衣着忌短小，在室外忌着短裤；室内就座，切忌坐床；忌双腿伸直脚底朝人；青壮年妇女一人在家时忌外人进入；门上挂有红布条，表示妇女分娩或小孩在出疹子，外人不得进入；不能随便和妇女开玩笑；在公共场合不能光着上身，更不能穿背心、裤衩串门；忌在背后议论他人短处等。当然还有很多，需要我不断地学习了解。听很多老师说，新疆班学生很纯朴，所以只要用真心对待他们，一定会有回报。当然也要多关心他们的生活，毕竟他们年龄还小，离家又远。

带着忐忑的心情上第一节课时，我遇到了一个未曾料到的问题，维吾尔族学生的名字都很长很难读。而我从第一年做教师时就养成了一个习惯，就是尽快记住班里每个学生的名字。因为我知道，能准确地叫出学生的名字除了方便教学外，也能让学生了解到老师认识他并且在关注着他，在一定程度上能促进学生学习的主观能动性。但是遇到动辄十几个字的维吾尔族学生名字，我不知道从何下手了。后来我在网上搜索到一位研究维吾尔语和维吾尔族人的社会学家的博客，其中有一篇博客是介绍维吾尔族常见的几十个姓氏的，里面详细介绍了这些姓氏的含义和来源等。他们的姓氏就像汉族中的"赵钱孙李周吴郑王"，很快我就记住了很多学生的姓，而名字则需要自己慢慢熟悉。

三、悉心磨合力挫不足

刚刚和新疆班学生接触的几周是一段非常重要的磨合期，我一直小心翼翼悉心工作，一切在紧张中慢慢度过。刚刚接手新疆班工作的我有着充沛的精力、创新的教育理论知识，但往往急功近利的浮躁心态会导致欲速则不达的局面。

刚开始教学时，因为学生普遍化学基本功扎实、反应敏捷，我上课倍感轻松，因此慢慢地我上课思路和节奏总会随着几个思想活跃的学生开展。直到有一次科代表跟我反映收作业很困难，有些人抄袭作业应付差事。我也回想起最近的几次课上，学生学习化学的热情有些低迷。经过认真反思，我想应该是我只顾着引导快节奏学生的课程进展，忽略了班上众多其他渴望求知的学生，最终导致了教学目的和任务完成不理想，学生的月考成绩也不尽如人意。

最终在学校领导和指导老师的关怀指导，以及同事们热心帮助下，我又了解到有一些少数民族学生在初中时才开始学习汉语，所以他们适应不了复杂语句而且语速快的教学，从而不能很好地理解教学内容。因此我开始尝试用尽可能简单易懂的语言和学生交流讨论，书写时也特意多留一点时间，让学生感觉到老师在关注他们，从而更加有信心地学习。此外，还不能忽略另外一部分接受能力快的学生的节奏，给成绩好反应快的学生回顾思考的机会，给反应相对较慢的学生强调需要课后重点复习的地方。最后收获颇丰，我在讲课和评课等方面有了很大的进步，得到了大家的认可。

四、注重细节　润物细无声

平日里，我尽可能地找机会去接触他们、了解他们。比如课间早点去班里解答学生的问题，或者和他们聊天说笑；有时候去学生宿舍，聊聊他们的生活，讨论一些他们感兴趣的话题。作为值班老师，晚上去宿舍查大家的就寝情况时，也常常会关心一些新疆班女生的生活状况，班上有几个外向活泼的孩子还教我跳新疆舞。

在和他们的接触中，我发现他们的课外知识有些匮乏，为此我特意在课堂上介绍一些新科技以及其他课外知识，从而拓宽他们的视野，扩大他们的知识面。在这个过程中，他们对化学更加有了兴趣，我慢慢变成最受学生欢迎的任课老师之一；与此同时，我也了解到不同民族的更多风俗习惯，也更加喜欢他们了。

渐渐地，我发现了教新疆班的乐趣，摸索到了民族学生的特点，感受到了他们的真诚，看到了他们的勤奋刻苦，熟悉了他们的"胃口"。因此，教学工作的进展也变得如鱼得水，学生枯燥的学习生活变得云淡风轻。

实际上，教师担负着培养学生丰富的情感世界和健康的精神家园的责任。教育为学生提供了获取知识的方式和渠道，但仅仅让学生掌握知识远不是教育的目的，教育的理想在于将一个孩子的知识转为智慧，推动他们去体验人生，去关注了解社会，从而构建起健康的价值理念和健全的人格，做思想可靠的未来人才。

教师的工作是伟大高尚的，为了努力使其有效地实施和实现，我们要时常对自己的教育和教学活动进行反思，本着"真诚奉献，勇于实践，潜心研究，勤于学习"的精神，才能无愧于这太阳底下最光辉的职业！

王忠容

　　珠海市实验中学语文高级教师，曾荣获广东省名班主任、珠海市首届名班主任、珠海市名班主任工作室主持人、珠海市先进教师等荣誉称号；多次荣获校级优秀教师、优秀班主任、优秀中国共产党员等荣誉称号；辅导学生参加作文竞赛，多次荣获省、市优秀辅导老师荣誉称号；先后主持或参与的国家级、省市级课题 10 余项，发表教育教学论文 10 余篇；担任班主任 18 年，致力于班级文化建设和主题班会的开发与研究，受邀开展了 30 余场关于班级管理的讲座。

"悄悄地" 呵护尊严

　　施善但不伤他人的尊严，这是最高境界。真正高级的善良，其实是无声的。

　　20年前，我作为一名高二文科班的班主任，听班里学生说，劳动委员邱同学午餐基本上只吃白米饭，偶尔会加一点素菜，晚餐在宿舍吃从家里带来的干馒头。

　　后来我了解到邱同学吃饭节俭的原因，他家住在偏僻的骆莱山，那里大山连着大山，家里庄稼收成微薄，没有其他经济来源。他的哥哥姐姐初中毕业后就辍学在家和父母一起务农，邱同学初中毕业后差点失学，幸好他的叔叔竭力劝说他父母，最后他父母才勉强让邱同学读高中，但生活费每个月只能给50元（学生每周的生活费至少要50元），一个月50元的生活费显然不够，无奈，邱同学只能吃白米饭或自带的馒头。

　　我知道邱同学的家境后，找了班长商量，想让班级学生捐款资助他，但又觉得这不是长久之计，高中两年的时间（高二文理分班后），如果每学期都让学生捐款，可能会有家长不乐意，更主要的是邱同学会因自尊心强而不接受捐款。据班长说，邱同学和同宿舍的同学一起去食堂吃饭，同学想帮他买一份荤菜，他都坚决拒绝，何况是全班同学资助现金呢？

　　如果能给邱同学提供一个勤工俭学的机会，既能让他挣到生活费，又不伤害其自尊心，就两全其美了。

　　当年我们班全班共50人，女生40人，男生10人。我们教室的地面是泥土地面，地上永远有扫不完的灰，尤其是夏天，每次扫地之前一定要洒水，否则会尘土飞扬，因此很多女生不愿意打扫卫生。轮到值日打扫卫生时，很多女生总是逃跑，只剩下寥寥几个男生值日，男生索性也不干了，经常是劳动委员邱同学一个人默默地打扫卫生。

　　后来，我召集班委讨论是否可以把我们班教室内外的保洁工作交给邱同学完成，班级同学每人每个月交4元（每月合计200元）的保洁费给邱同学，班委一致赞成，然后班长就动员班上同学响应。从此，班级的保洁工作都由邱同学完成，其他同学也因为不用再值日而开心。

　　从此，我们班级教室内外焕然一新，干净整洁，邱同学在课间只要看见地面脏了，就会主动弯腰捡地面上的垃圾或者清扫。爱可以无声地传递，自从班级宣布邱同学承担保洁工作以来，每天下午邱同学打扫卫生的时候，总有几个同学和他一起做，大家都心照不宣，也很开心，因为邱同学通过劳动，获得了应有的报酬，解决了生活费。同时，原来值日逃跑的同学，也在放学后主动留下来和邱同学一起打扫卫生，教室里面充满了欢声笑语。

眨眼高考结束，邱同学成绩优异，顺利升入了心仪的大学，目前邱同学已经是一家销售公司的主管，家庭事业双丰收，每当看见他在朋友圈里对自己生活工作的记录，我都感到无比欣慰。

节假日，邱同学总会在班级群，约请同学们吃饭游玩，他总说感谢当年同学们给他的最美帮助，给了他无比的关怀。

谁言寸草心，报得三春晖。逢年过节，邱同学总是第一个问候我，时不时地给我寄老家土特产：红薯、葛粉、橙子等。更让我感动的是，他去越南旅游，特地从当地给我带蜂蜜回来，说对嗓子好。他总是对我说，感谢我当年在班级开展的勤工俭学活动，巧妙地维护了他的自尊，明知他家境一贫如洗，却仍热情待他，周末还邀请他到家里吃饭，给他改善饮食，让他感受到了家的温暖。

春风有信，花开有期。作为老师，我们在行善施爱的同时，既要维护学生的尊严，又要唤醒学生内心的力量，让学生看到自己为人的尊严，也看到自己内心的那股力量，让他们在以后的人生之路中懂得感恩，懂得珍惜，懂得人性的美好，热爱生活，走向美好的未来。

花开有序

古人有云："花木管时令，鸟鸣知四时。"意思是自然界的万物随着时令的更替周而复始，如春桃、夏荷等，花开有序，随着季节时序流转，四季各有其美。而学生的学习亦如花开，不一定人人都要考名校，只要努力了，最终选择适合自己的大学就是最美的。

小游学习比较懒散，学习成绩不理想，虽然成绩一般，但他有梦想，希望将来当一名好警察。我曾经多次找他谈话，鼓励他勤奋刻苦学习，希望他学习成绩有所突破，但总是不见效果。他总说生意繁忙的爸爸和全职妈妈都不过问他的学习，学习全靠他自己。

在高一高二两年的时间里，小游父母从未向我了解过孩子的学习情况，也从未参加过家长会。步入了高三上学期，班级大部分同学都争分夺秒，挑灯苦读，小游学习也比以前认真了，学习也有进步。记得在高三第二次联考之后，一个周五的晚上，我的手机接到了自称是小游父亲的电话，他希望儿子报考北京大学。他的理由是他去北京出差，参观了北京大学，觉得北京大学的校园环境很漂亮，于是想让儿子冲刺北京大学，他给我打电话是想让我多鼓励一下他儿子。我在电话里问他是否了解自己的儿子，是否知道儿子的学习成绩。他在电话里喋喋不休并且很焦急，说他平时很忙，儿子的成绩可能不是很好，让我多鼓励他，让他拼搏一下，争取高考考入北京大学！他始终坚信自己的儿子可以考上北京大学，作为班主任，我只有如实告诉他北京大学高考的录取情况以及小游的学习情况。他也许听明白了我的意思，却始终坚持让儿子冲刺北京大学。

小游冲刺北京大学的事还在继续，就在小游父亲给我电话后的那个周末，小游返校后闷闷不乐，上课发呆。他说不想学了，反正考不上北京大学，周末回家，他的父亲让他一定要努力考北京大学，他告诉父亲，按他目前的成绩，有把握考入广东警察学院，他想当警察，但父亲听了非常生气，认为他没出息，还扇了他一耳光。后来，经过我和他父亲多次沟通协调，他父亲总算不再提考北京大学的事，小游也步入了正常的学习轨道，高考毕业如愿以偿，考上了广东警察学院。目前，小游已经是一名响当当的人民好警察。显然，此前小游的父亲对孩子的期望值过高。作为家长，希望自己的子女成龙成凤，是人之常情，但是，在不了解孩子的情况下，盲目给子女提过高的要求是不合理的。为什么父母会对孩子提一些过高的要求呢?

首先，父母对孩子缺少陪伴，更对孩子缺乏了解，对孩子的学习完全处于放养的状态，但对孩子又有过高的期望，把自己的喜好强加给孩子。而孩子又达不到这一目标，在努力的过程中，看不到希望，容易产生挫败情绪。所以，父母应多陪伴子女，充分了解孩子的个性特征以及学习情况，才能科学合理地制定学习目标。

再有，职业无高低卑贱之分，学生选择什么样的学校，适合自己的就是最好的。当学生达到自己设定的目标时，也就享受了一次成功的喜悦，孩子自信心会更强，就更能活出优秀的自己。如果每个学生沿着自己的强项成长，我相信每个学生都能成为最优秀的自己。

四季有序，学习也有序。夏花不必艳羡春花的娇媚，秋花无需眺望夏花的繁盛，花期到了，自然绚丽。每个学生按照适合自己的轨道努力学习，相信一定会达成心愿，绚丽绽放。

爱需要大声表达

　　言为心声。对于高一新生来说，理想、未来充满了梦幻色彩，而我在曾经带的班级学生的周记中，分明读到了一种落寞与孤独，偶尔还略带一丝怨恨。

　　男生 L 在周记中写道："周五回家本该高兴，可我怎么也快乐不起来，又被我妈骂得体无完肤，我哪里错了？不知道，就算错了，我总有一点对的呀，难道我不是人吗？真想来一次胜利大逃亡！"小 Z 的周记写道："一进家门看到他们那狰狞样，恨不得把对方吃掉一样。家，原来那么恐怖，结婚是为了什么？""真担心母亲的身体，你羸弱的双肩，如何扛得起这个家，我的胸膛还不够宽阔，肩膀还不够结实"……这些文字的背后，都有一个故事。

　　后来我分别找这些学生谈话，才知道原来这些学生有的来自单亲家庭，有的家庭关系比较糟糕。都说孩子是父母眼中的宝，可我当时总是接到这样的电话：学生的父亲或母亲在和我通话的过程中，总是流露出对孩子的抱怨，或是不理解、不信任……鉴于这种情况，我在班上做了一个关于家庭情况的调查统计：全班 47 名学生，有 27 名学生来自单亲家庭，父母离婚的原因各种各样。对于学生来说，精神和生活都受到了不同程度影响，有的感觉很孤独，有的感觉自卑，有的甚至连温饱都没解决。在这样一个美丽而繁华的城市，却有这么一群学生在为学习和生活而挣扎，用稚嫩的双肩扛起生活的重担。对于这样的学生，他们的家庭教育或多或少会有许多残缺。针对这种情况，我通过主题班会改善孩子与父母之间的关系，让父母与子女之间能顺畅沟通交流，相互理解。

　　于是我和班委会的学生商量，准备开"有你在，温暖在"的主题班会，并邀请家长参加。活动的宗旨是"温暖、感人"，要让学生与父母之间都能感受到彼此的关怀与温暖，唤醒父母与子女之间血浓于水的爱。父母与子女之间的爱，要大声表达出来。

　　活动的准备：通过微信的方式让家长选择 1～2 张自认为孩子成长过程中最有价值和纪念意义的照片，并附带上对孩子的祝福语，将其发到我的 QQ 邮箱（学生不知道）。收集完照片后，让班上的电脑高手将照片做成温馨感人的视频，并配上背景音乐《时间都去哪儿了》。

活动流程：

第一个环节：渲染氛围，主持人开场白，然后 2 名女生配乐朗诵《生命列车》："生命之谜就是：我们在什么地方下车？坐在身旁的伴侣在什么地方下车？我们的朋友在什么地方下车？我们无从知晓……"当学生深情朗诵到此时，许多家长和同学眼睛都噙满了泪花。

第二个环节：家长与学生一起看《有你在，温暖在》视频，学生很惊喜地看到了自己儿时的照片，还看到了父母的祝福语，流下了感动的泪水；父母看到孩子的成长，尤其是当年相亲相爱的父母，现在各自分离，看到照片后，感慨得热泪盈眶，更有甚者当场泪流满面地拥抱。

第三个环节：爱要大声说出来，分别邀请一位爸爸和一位妈妈发言。发言的妈妈，说到激动之处泣不成声；轮到学生自由上台发言，有一位姓芳的女生谈到她要感谢的人是妈妈，虽然她爸爸是一个赌鬼，对家庭不负责任，但她仍感谢生活。她的真诚流露打动了在场的所有同学、家长及老师……越来越多的学生争着上台敞开心扉。有个男生声泪俱下地说："我爸爸因为生意失败而导致全家生活艰辛，以前我总是抱怨生活的不公平，但刚才听了芳同学的发言，我觉得我是多么的渺小，同时也感到我是多么的幸福，感谢爸爸妈妈给了我温馨的家，也感谢同学给我上了一堂生动的人生课。"

第四个环节：击鼓传花，让接到花的孩子跟父亲或母亲进行一次深情的拥抱，或者说："爸爸，我永远爱您。"或者说："妈妈，无论走到哪里，我都是您的眼。"

第五个环节：学生给父母献花（事先准备好的康乃馨），并说一句此刻最想对爸爸或妈妈说的话。

第六个环节：全班学生与父母一起拍集体全家福，最后班会在《至少还有你》的歌声中结束："我怕来不及我要抱着你，直到感觉你的皱纹，有了岁月的痕迹，直到肯定你是真的，直到失去力气，为了你，我愿意。"

这次主题班会之后，学生明白了自己是父母最重要的不可复制的孤本；也让父母知道自己的孩子非常优秀，有一颗玲珑之心，只是他们疏于发现，冷落了对孩子的教育与引导。这次主题班会之后，学生周记里的文字变得温暖了，学生对父母也多了一分理解和支持，也逐渐认同了父母对他们的教育；而父母对孩子更加关心了，而且与子女对立的状态逐渐缓和了下来。有学生在"有你在，温暖在"主题班会之后的周记感悟中写道：

（一）在这敏感而特殊的成长路上，我们和父母之间隔上了一层"厚障壁"，在这次班会上，我和父亲之间从未曾有过的拥抱，今天却变得如此轻而易举。爱，永远都具有魔力，深爱你们，爸爸妈妈。

（二）离上一次拥抱，已经记不清楚了，母亲不在身边很久了，而母亲的腰板，也由直变弯了；拥抱中，我紧紧抱住母亲，就像她曾经紧紧地抱儿时的我——生怕时间会将一切夺走。

最好的教育莫过于感染。人的心灵中最柔软的部分就是亲情，通过这样的主题班会，用真诚打动学生与父母，改善家长与孩子之间的疏离感，调和家庭关系，是行之有效的方法。影响孩子成绩的主要因素不是学校，而是家庭。家庭教育是人成长的根部和根本，它是"培根教育"。只要家庭教育好了，学校的许多问题就迎刃而解了。

"只要能培一朵花，就不妨做做会朽的腐草。"作为班主任，面对家庭教育，我们可以尽力引导家长和孩子改善家庭关系，给学生和家长营造一个温馨和谐的氛围，在其乐融融的环境下，定能培育出健康的心灵、健全的人格。

做一名对学生有积极影响力的班主任

班主任的积极影响力，是指班主任凭借积极的心态、人品、情感、知识和才能以及相应的世界观、价值观等去感染学生，言传身教，积极地引领学生，增强班级凝聚力，让学生朝着生命花开的方向奔跑，成全学生，让学生成为最优秀的自己。班主任是一个班级中的组织者、管理者和教育者，也是一个班级中，学生与科任老师、家长之间的协调者，那么如何才能使自己成为一名有积极影响力的班主任？

一名真正优秀负责的班主任，首先应该是一名心里装满爱、心底洒满阳光、乐观积极、充满正能量的人，有很好的组织协调能力，他所带班级学生的个性特征，应该蕴含着班主任的个性特征。有人说，班主任是什么样的性格，带出来的学生往往就有什么性格，活泼开朗的班主任带出来的学生往往比较乐观积极；性格内敛的班主任带出来的学生可能比较自律；脾气暴躁的老师带出来的学生或许比较浮躁。作为一名有积极影响力的班主任，他是所带班级科任老师之间的协调者，老师之间应该处于互相包容、其乐融融的状态。有积极影响力的班主任，与家长之间的相处也是和谐美好的。苏霍姆林斯基曾说："教育者的个性、思想信念及其精神生活的财富，是一种能激发每个受教育者检点自己、反省自己和控制自己的力量。"班主任有着一种教育的情怀，引领学生走向美好。育人如养花，精心培育，用心浇灌，一定会有灿烂的花儿绽放。

拥有积极影响力的班主任，应该平等尊重每一位学生，让每一位学生可以骄傲自豪地做自己，找到自己生命的光亮，让学生绚丽地绽放自己。"让每一个学生在学校里抬起头来走路。"这是苏霍姆林斯基的教育智慧，更是我们作为班主任的教育智慧。在班级中平等地对待、尊重学生，让学生在同学中有威信，唤醒激发学生的学习潜能，让班主任成为学生人生历程中有影响力的人。美国教育家爱默生说："教育的秘诀是尊重学生。"没有尊重就没有教育，没有尊重就不会有个性的发展，尊重学生是我们每一位老师应该做到的。尊重是一朵花，一朵开在心间的花，尊重学生的人格，尊重学生的自尊心，尊重学生的个性。因为班主任与学生朝夕相处，班主任对待学生的态度会直接影响到学生的身心发展，尤其是面对升学率的压力，我们如何激发学生的潜能？如何引导学生做最好的自己？如何尊重学生的个性？面对"互联网+"的今天，学生的信息来源非常广泛，班主任应该与时俱进，尊重学生的看法，平等对待他们。法国经典电影《放牛班的春天》中的一位音乐教师克莱蒙，给班主任做了很好的榜样，面对一群属于"海底深处""无可救药"的问题孩子，克莱蒙用尊重和仁爱，顺着孩子天性，用音乐唤醒了他们，这样的老师，值得班主任们学习。

学校的教育，应该是灵魂的教育。班主任应该怀着一颗诗意的玲珑之心，积极地营造班级学习氛围，让学生在美的环境中接受美的熏陶，让学生的心灵插上飞翔的翅膀。班主任怀着诗心做纯美的教育，把教育的过程描绘成一幅画，注重班级文化建设，把教室布置得温馨有爱。相信在这样环境中成长的孩子，能对人生、理想、责任等方面有更深刻的体会和理解，幸福的孩子开启幸福的人生，班主任也将成为学生生命历程中重要的人。

什么是教育？华东师范大学博导叶澜教授认为教育是"教天地人事，育生命自觉"。一名有积极影响力的班主任，应该教学生学会做人，教学生自觉地学习和创造；要自觉地学习，研究学生的心理，学会和学生巧妙沟通，教会学生沟通，让学生做一个人格心理健全的人；教学生为自己的人生和理想做长远的规划。班主任相当于学生的父母，"父母之爱子，则为之计深远"。班主任积极地引导学生做人生规划，成为学生生命中重要的引路人，根据每个学生的自身情况，为他们私人订制从高一到高三的奋斗计划，指导学生积极参加各种社团活动，帮助学生提升个人素养，培养学生健全的人格，让每个学生全面发展，才艺双馨。

德国的沃尔夫冈·布列钦卡认为："教育是人们尝试在任何一方面提升他人人格的行动。"一名有积极影响力的班主任应该着力提升个人素养，加强学习，对世界保持一颗好奇心与童心，才能走近学生，成为学生生命历程中的重要引路人。"教师真正的教养性表现为：学生能从他身上看到一个引导他们攀登道德高峰的引路人，从他的话里听出他在号召他们成为忠于信念，对邪念不妥协的人。"（苏霍姆林斯基）

雷夫·艾斯奎斯的《第56号教室的奇迹》："一间教室能给孩子们带来什么，取决于教室桌椅之外的空白处流动着什么。是什么东西在决定教室的尺度——教师，尤其是小学教师。他的面貌，决定了教室的内容；他的气度，决定了教室的容量。"因此，班主任对学生教育的前提，首先是自我教育。正如登山向导，必须自己先登山，只有体验过"会当凌绝顶，一览众山小"的开阔视野，才能激情满怀地向学生描述"海到无边天作岸，山登绝顶我为峰"的快意。一名有积极影响力的班主任应该与学生一起，登高望远，走过、享受、创造生命所有美好的过程和瞬间，画出一条、两条……n条绚丽的人生曲线，用最沸腾的温度，跳出自己人生最完美的舞蹈！

爱因斯坦曾言：个人的生命只有当它用来使一切有生命的东西都活得更高尚、更优美时才有意义。一名有积极影响力的班主任应该带领学生享受每一个生命过程，激情飞跃，用心感悟，过程远比结果重要。绚丽的烟花精彩绽放，它的美丽在于过程，而作为有积极影响力的班主任，我们的精彩在于引领学生征服一座又一座的巅峰。而当你从三尺讲台光荣退役的时候，定会对自己灿然微笑：我们的生命曾经因带领学生激情飞跃而注定不平凡。

教育的意义是让每一朵花儿绽放，让每一只鸟儿快乐歌唱，愿我们都能做一名有积极影响力的班主任，在育人之路上边播种边收获，走出一条繁花之路。

家书抵万金

　　关于孩子的教育问题，家庭是土壤，家庭教育是根，学校教育和社会教育则是枝叶。如果家庭教育出了问题，就很难培养出枝繁叶茂的参天大树。现代家庭中，新一代的父母似乎很注重对孩子的教育与引导，常常有父母抱怨自己付出了很多，但孩子不理解，也不接受父母的教育，父母与孩子之间无形中形成隔阂，让父母很难把家风、家训传递给孩子。

　　难道真是"绿叶不懂对根的情"吗？其实，未成年的学生始终有儿童天真率性的一面，他们也懂得感恩和体贴父母。很多时候父母与孩子之间的隔阂，是父母与孩子之间缺乏好的沟通方式，导致意见的分歧，进而出现了关系逐渐疏离或者对立的现象。

　　互联网时代，父母与孩子之间沟通交流的途径多了，比如QQ、微信、微博、短信等，父母与孩子之间交流方便了，但这些交流是否"走心"呢？这些短平快的沟通方式，使得交流的信息容易被删除，同时，孩子面对的是冰冷的手机、电脑屏幕，父母与孩子之间的交流似乎缺少一点情景，也缺少一些温润的情怀；孩子能否真正理解体谅父母，明白父母的良苦用心？很多时候出现了"明明白白父母心，懵懵懂懂子女烦"的情况。

　　父母应该怎样和孩子沟通？书信是比较好的一种沟通方式，写信，让孩子见字如面，孩子看到书信就知道是父母的笔迹，也可以想象父母当时写信的情景，而且书信中的文字可以更好地体现父母对孩子的谆谆教诲。孩子在读书信的过程中也可以沉下心来，真正聆听父母的心声；作为父母，平时或许很少当面对孩子说"孩子，我爱你""孩子你很优秀"等赞美语言，在书信中则可以情到之处自然表达，孩子读起来也很温暖贴心；父母能静下心来给孩子写信，也是在回味自己与子女相处的美好时光，在书信中对孩子寄予肯定、祝福、期望等情感，孩子读了书信更容易理解父母。平常父母与孩子面对面地交流时，会遇到一些敏感问题：青春期如何处理男女同学关系，如何交朋友，交什么样的朋友等问题，这些问题都需要父母与子女悉心沟通和交流。如果遇到父母性子急躁，可能会因为彼此对某些问题理解角度不一样，造成父母与孩子之间的冲突与对立，因此，传统书信是很好的一种沟通方式，"家书抵万金"。

古今家书赏析

曾国藩家书——谕纪鸿（节选）

　　家中人来营者，多称尔举止大方，余为少慰。凡人多望子孙为大官，余不愿为大官，但愿为读书明理之君子。勤俭自持，习劳习苦，可以处乐，可以处约。此君子也。余服官二十年，不敢稍染官宦习气，饮食起居，尚守寒素家风，极俭也可，略丰也可，太丰则吾不敢也。凡仕宦之家，由俭入奢易，由奢返俭难。尔年尚幼，切不可贪爱奢华，不可惯习懒惰。无论大家小家，士农工商，勤苦俭约，未有不兴，骄奢倦怠，未有不败。尔读书写字不可间断，早晨要早起，莫坠高曾祖考以来相传之家风。吾父吾叔，皆黎明即起，尔之所知也。

　　凡富贵功名皆有命定，半由人力，半由天事。惟学作圣贤全由自己作主，不与天命相干涉。吾有志学为圣贤，少时欠居敬工夫，至今犹不免偶有戏言戏动。尔宜举止端庄，言不妄发，则入德之基也。手谕。

父涤生字

咸丰六年九月二十九日，时在江西抚州门外

　　赏析：曾国藩，作为一位重要的历史人物，有晚清"第一名臣"之称，后来者推崇其为"千古完人""官场楷模"。作为功勋赫赫的大名臣，他对儿子的谆谆教诲，不是枯燥说教，而是通过书信对儿子循循善诱，与儿子亲切沟通。曾国藩以一种温婉语气，给九岁小儿子单独写了这样一封信，谆谆告诫儿子习劳习苦，不要沾染官家气息，保持寒素家风；读书写字不能间断，早上要早起，对儿子循循善诱，以此培养勤奋的习惯。曾国藩希望儿子将重点放在德行的修养上，不必过多地考虑功名之事，因为功名不能完全由自己做主，而德行是可以由自己来修炼的，并以举止端庄、不说妄语作为培养德行的基础。这封信不但给儿子提出了学习的具体方法，而且都是极平易简单，不难做到的，只要坚持下去，就可以使自己一步步地向目标靠拢。从这封信中，我们可以读到一位慈祥而睿智的父亲形象，同时也可以读到一位外表坚强而内心柔软的父亲形象。或许正因为曾国藩作为父亲对子女润物无声的教育与引导沟通，才使曾家代代兴旺发达。

孩子，愿你慢慢长大（节选）

刘　瑜

亲爱的小布谷：

今年六一儿童节，正好是你满百天的日子。

当我写下"百天"这个字眼的时候，着实被它吓了一跳——一个人竟然可以这样小，小到以天计。在过去100天里，你像个小魔术师一样，每天变出一堆糖果给爸爸妈妈吃。如果没有你，这100天，就会像它之前的100天，以及它之后的100天一样，陷入混沌的时间之流，绵绵不绝而不知所终。

就在几天前，妈妈和一个阿姨聊天，她问我："为什么你决定要孩子？"我用了一个很常见也很偷懒的回答："为了让人生更完整。"她反问："这岂不是很自私？用别人的生命来使你的生命更'完整'？"

是啊，我想她是对的。但我想不出一个不自私的生孩子的理由。

…………

所以，小布谷，等你长大，如果你想当一个华尔街的银行家，那就去努力吧，如果你想当一个面包师，那也不错。

如果你想从政，只要出于恰当的理由，妈妈一定支持，如果你想在动物园里做个饲养员，那也挺好。

我所希望的只是，在成长的过程中，你能幸运地找到自己的梦想——不是每个人都能找到人生的方向感，又恰好拥有与这个梦想相匹配的能力——也不是每个人都有与其梦想成比例的能力。

是的，我祈祷你能"成功"，但我所理解的成功，是一个人对自己所做的事情有敬畏与热情——在妈妈看来，一个每天早上起床都觉得上班是个负担的律师，并不比一个骄傲地对顾客说"看，这个发型剪得漂亮吧"的理发师更加成功。

…………

小布谷，愿你慢慢长大。

愿你有好运气，如果没有，愿你在不幸中学会慈悲。

愿你被很多人爱，如果没有，愿你在寂寞中学会宽容。

愿你一生一世每天都可以睡到自然醒。

赏析：作为母亲，希望自己的女儿"有好运气，如果没有，愿你在不幸中学会慈悲。愿你被很多人爱，如果没有，愿你在寂寞中学会宽容。愿你一生一世每天都可以睡到自然醒"。这是天下父母的共同心愿。

用书信的方式与子女沟通，其实是父母与子女之间的一种平等对话，让孩子能倾听父母的心声，同时也是父母把孩子作为独立的生命体来对待，是父母与子女之间沟通的桥梁。书信这种方式，不仅可以用于家庭教育，还可以用于师生之间的沟通与交流。老师要学会倾听学生的心声，偶尔可以给学生递小纸条，也可以写信，让学生能进一步理解老师，使师生关系更加融洽。

一个班级如果师生融洽，能互相倾听对方的声音，或许我们的课堂就能少一分急躁，多一分淡定；少一分猜疑，多一分信任。

下面转载我曾经的一篇随笔，这是在 2008 年，当时期中考试结束，我看见许多学生神情很沮丧，于是写了一封信，谈关于如何看待分数的问题，希望学生能明白高中奋斗的意义，后来打印贴在"班级流动贴吧"的本子上。记得当时学生读了这封信后，感觉学习压力没那么大了，脸上的表情轻松了，也开始学会制订学习计划了。

孩子，你一定要快乐成长

亲爱的同学们：

9 月的阳光依然灿烂灼热，我迎来了你们一张张稚气未脱的笑脸，经过初三洗礼的你们，带着些许好奇与兴奋，迎来了高中生活的第一课：军训。烈日当空、淋漓汗水、体能拉练，经过一周的集训，你们张张可爱的脸晒黑了，男孩子似乎沉稳了许多，而看起来弱不禁风的女孩子，步伐似乎也坚实了一些。

经过 2 周紧张而繁忙的学习生活，从你们的周记中我读出了厌倦、无奈，或许更多的是感伤与失望。有同学在周记里写道：当我初三奋力拼搏的时候，以为那是最苦的日子，天哪！高中生活更惨，课堂上一个个知识点铺天盖地袭过来，还没回过神，老师已"飞"到了另一座"高峰"。三点一线的生活：教室、食堂、宿舍……懵懂中，9 月已匆匆滑过。

10 月初迎来了高中第一次测试，许多同学还没走出初三的思维模式，在试卷上"龙飞凤舞"一番后，剩了大量的考试时间，于是有人忙里偷闲，索性与周公约会，朦胧中走出考场，猛然顿悟：读错题目的要求了、试题还没做完、答题卡忘了填考号……经过那次，你们似乎明白了：高中考试更需要深思熟虑；需要合理安排时间；需要触类旁通……考试成绩公布了，有的同学以泪洗卷了，有的同学脸上没笑容了，有的同学沉默了，单纯的脸上时而掠过一丝苦笑。记得在 10 月 17 日深夜 11:30 的时候，有家长焦急地来电说孩子在宿舍哭得很伤心，原因是觉得自己成绩考得不好，对不起家长……当我接到电话的时候，我有一种揪心的痛。同学们，我想告诉你们，其实你们已经很优秀了，只是给自己的压力过大了。

期中考试成绩马上要揭晓了，我真心地希望你们都能坦然看待分数，在考试中快乐健康地成长，既要成功，又要成长。成长比成功更重要，成功是一时的，而成长需要一辈子。福楼拜曾说过："人的一生中，最光辉的一天并非是功成名就那天，而是从悲叹与绝望中产生对人生的挑战，以勇敢迈向意志那天。"

其实，高中生活是一个等待花开的过程，这过程很苦，但结果是甜的。就像有人等待昙花一现，虽然花开是那么短暂，但只要亲眼看到，也就无憾了。而高中生活的等待，不是成天坐在那幻想好成绩眷顾自己，不是在那怨天尤人，也不是破罐破摔，散漫学习，而是开心快乐地积极进取。

我们每个人都是独一无二的，上帝创造我们出来，不是让我们躲在角落里哭泣的，而是要我们扬帆出海，尝试各种可能性，开拓美好的人生。但是，有时候是必须耐心等待的，春天播下的种子，等待秋天收成硕果。高中阶段是人生重要的里程碑，是一个积累、储备知识的过程，也是一个跋涉的过程，只有丢下心灵上沉重的包袱，才能风雨兼程。

真诚地祝福你们，祝你们学习快乐，青春飞扬！

容　姐
2008 年 11 月 8 日

见贤思齐，寻找个性的紫色奶牛

——省名班培训心得

初夏的羊城大学校园里，玉兰花芬芳宜人，一期一会，第三次省名班主任培养对象再次相聚，进行为期四天的集中学习与交流。这四天的学习与交流，经历了一次次头脑风暴，让人心灵震撼。从教授、专家们的讲座中，以及从身边优秀的一线的班主任们身上，我明白了未来应该努力的方向，对自己的成长规划和专业化发展道路有了比较明确的认识。

心泉叮咚——听课偶得

陈金龙教授作了题为"社会主义核心价值观与中华优秀传统文化"的专题讲座。陈教授的讲座陈述了社会主义核心价值观提出的背景以及社会主义核心价值观的基本内容，同时以中华优秀传统文化涵养社会主义核心价值观。陈教授寓教于乐，旁征博引，站在国家的高度，具有国际的视野，同时植根于中华历史，把社会主义核心价值观诠释得生动形象的同时，也让人明白了核心价值观在当代的价值。

作为一线的班主任们，如何把核心价值观融会贯通于我们的教学之中？如何传递给学生？我们应该风声、雨声、读书声，声声入耳，家事、国事、天下事，事事关心。我们在设计主题班会的时候，应该把核心价值观的思想融汇在主题班会活动中，为时代社会培养合格的公民。

陈涵平教授作了题为"打造班主任的口才魅力"的专题讲座。陈教授以他深厚的中文功底，向我们展示了口才的魅力。在讲座中，陈教授凭借他幽默风趣的讲解以及恰当的肢体语言，向大家展示了巧妙的语言沟通可以拉近人与人之间的距离，可以化干戈为玉帛。班主任巧妙的沟通交流可以拉近师生的关系，也可以与家长亲切沟通，便于家校合作。

教师拥有一口标准的普通话，一副好口才，可以增加人格魅力，可以更好地影响学生。

王蕙副教授作了题为"家庭教育与班主任角色定位"的专题讲座。王教授的专题讲座详细剖析了"家庭教育"的概念，总结了家庭对社会发展、儿童发展的影响，对家庭教育的基本原理和家庭教育体系进行了细化分析，对当前家庭教育存在的误区进行了明辨，诠释了教育的重要性，为家庭教育提供了一盏明灯。

王教授的讲座为未来的家校合作提供了许多思路，而我们目前也在探寻家校合作的路上。周六，家长到校进班陪孩子一起自习，感受孩子在校学习生活的情况。家长到班陪孩子学习的方式很好，增强了父母和子女之间的沟通与交流，父母更能理解孩子成长路上的艰辛，孩子也更加懂得感恩父母，现附录一段家长到校陪子女学习的感悟：

每次去学校，都感触颇深……学校远离市区的喧闹，环境优美宁静，是孩子们学习的好地方！理科班男生偏多，难免好动浮躁些。和他们相处一天下来，深感学生的不易和老师的辛苦！本想和孩子们聊聊天，但看到他们一个个埋头学习，唯恐打扰了这份安静，只有默默注视着这群孩子，从内心深处祝福他们，今天的努力和坚持必定会收获明天的美好和成果……不管怎样，老师和家长是你们坚强的后盾！（许××妈妈）

李季教授作了题为"抄条近道到罗马：名班主任专业成长的个性化之路"的专题讲座。李教授在讲座中总结概括了前四届省名班给我们树立的榜样，如第一批的何汝玉校长和李娟校长，第二批的王家文老师、王剑平老师、贾高见老师，第三批的阳海华老师和刘静老师，第四批的刘黔欣老师和王建青老师，以及第五批的杰出代表钟杰老师、王怀玉老师、刘永志老师、吴迪老师等。李教授的讲座让我们看到奋斗努力的方向，同时也让我们反思自己的工作，要走专业化的发展道路，走特色之路。

攸佳宁博士作了题为"当代青少年心理特点与教育"的专题讲座，分析了青少年心理问题产生的特点以及应对方法，在轻松的讲解中给我们提供了无数的锦囊妙计。

精彩纷呈——见贤思齐

培训的几天，可以这样说，每一堂讲座都是对心灵的一次洗礼：有的如涓涓细流，和风细雨，丝丝浸润，令人回味无穷，如攸佳宁博士的心理指导；有的如狂飙突进，让人经历了一场思想风暴，如李季教授的讲座可以瞬间让人或诗情画意，或激越昂扬；有的让人心驰神往，如陈涵平教授的讲座，让人如沐春风；有的充满了浓浓家庭温馨气息，如王蕙副教授的讲座。教授、专家们的讲座，无论是轻松的还是严肃的，都让人记忆犹新，他们不仅有广博的知识，而且有深刻的思想和人格魅力。为人师，如果多年后，学生能津津乐道于当年的某一节课，某一位老师曾经的一笑一颦，我相信这位老师无疑是富足的，也是幸福的。

诗人纪德说："我为美好的事物消耗着自己的感情，它们的光辉来自我不断地燃烧，但这是一种美妙的消耗。"工作是一个人快乐的源泉，而一线的老师应精心耕耘，每天以饱满的热情去感染学生，引领学生在知识的殿堂里遨游。相信精心播种的人，定会微笑收获，与同行共勉。如果说教授、专家们给了我们理性的高度，为我们今后的工作指明了方向，那么，各学段各小组代表的经验分享，则告诉了我们作为一线班主任的具体做法。登台展示的各小组代表，根据不同年龄段的不同要求，从不同的角度阐释了班级管理的具体实施方法：活泼有爱的小学组；精细严明的中学组；自信阳光的中职组；运筹帷幄的高中组。这些登台展示的老师们，他们展示的内容精彩不断，课堂笑声不断，在谈笑风生中，能够领略他们不一样的风采和独特魅力。如何打造自己的魅力？如何走自己的专业化特色之路？正如李季教授所言："平凡之处寻找特色，常规中显精彩；学习别人的经验，形成自己的风格。"

如果想造一艘船，就应该唤醒大家对大海的渴望。反观我这些年对班级文化建设的思路，尤其是对主题班会的研究与实践，还需要进一步地收集资料，进一步地细化主题班会的体系构建，寻找属于自己个性风格的紫色的牛。

问渠那得清如许，为有源头活水来。为了寻找这头紫色的牛，在以后的工作中，我将进一步提升自己的专业理论知识，逐渐走专业化的道路，路漫漫其修远兮，吾将上下而求索。

让班级文化飘香

班级文化指班级内部形成的具有一定特色的思想观念和行为规范的总和，是班级内在素质和外在形象的集中体现，是一个班级的精神和灵魂所在。班主任应该精心打造自己的班级文化，让教室成为培育学生身心品质的乐园。

一、行而有"规"

高中班主任在制定班规、班级条例时，既要充分尊重学生，又要着眼于学生长远的发展。在突出自己班级学生特点的同时，还要紧扣校训和校园整体文化建设。对于班级规章制度，班主任要在民主平等基础上制定班级公约，和学生一起制订三年的成长规划。

我校的校训是"博学博爱，至善至美"。校园文化建设的核心思想是"以儒雅之风，润善美之师"。其中，以"儒雅"为特征，以"善美"为主题。基于此，我校的学生修身成长计划自然就围绕"善美"分年级逐级展开：高一以"礼仪、诚信"为主题，高二以"仁爱、尊重"为主题，高三以"责任、感恩"为主题。

我根据学校德育的整体思路，结合班级学生的特点，本着"人人有责，人人有事做"的原则，对班级实行精细化管理，与学生共同制定了班级公约、班务分工表等。通过上述班级公约的制定与实施，引领整个班级形成团结奋进、积极向上的良好班风学风。学生们能够积极主动投入学习，全班学习氛围浓厚，得到科任老师的一致好评。

同时，因为班级有了明确而细致的分工，所以自然有很多机会促使学生的能力得到锻炼和提升。班级真可谓人才辈出，班级同学积极参与校团委、学生会的各项活动，开展的活动有声有色。

二、内外有"章"

班级文化是由显性的物质文化和隐性的精神文化共同组成的。其中，精神文化是核心，是统帅；物质文化则是精神文化的具体表现，为精神文化服务。在精神文化建设方面，我们班有一个能充分展现班级特色的响亮名字——"扬帆班"。它寓意着"扬理想之风帆，抵成功之彼岸"。结合班名，我们班级的口号是"长风破浪会有时，直挂云帆济沧海"；班级的座右铭则是"海到无边天作岸，山登绝顶我为峰"；班级精神的核心词是"奋斗"。班徽的图案是在一个阿拉伯数字"9"字里装载由2个大写字母"A"组成的一艘在碧波荡漾的大海上行进的帆船，寓意高三（9）班学子在书海中扬帆遨游。

在物质文化建设方面，我们努力让学校每一面墙壁说话。本着"扬帆班"的精神，我们班教室门口的外墙上有一张附有班徽、班主任寄语、合照等内容的班牌，其目的是，激发每个学生的奋斗热情与集体荣誉感。教室内墙的布置则立足于整洁、温馨和雅致。在教室四个角分别布置了班务栏（张贴班级课表等）、点墨轩（张贴名家美文等）、心语阁（张贴学生奋斗目标等）、图书角（藏书量300册左右，主要源于班级同学捐赠）等。黑板报作为宣传和展示的重要阵地，对它的设置我的要求是既要养眼，更要养心。

同时，为了使教室更加有生机活力，我还发动班级同学捐养花草，经过我们全班的共同努力，教室常年花儿绽放，生机勃勃，温馨怡人。

三、梦想当"行"

班主任固然要重视学生的成绩，但更要教会学生做人。但丁说："道德可以弥补知识的不足，而知识却永远也弥补不了道德的不足。"

教会学生做人，应该是班级文化建设的根本出发点。我们班教室的内墙上就明确提出了做人的标准："用人品去感动别人，用改变去影响别人，用状态去燃烧别人，用实力去征服别人，用行动去带动别人，用坚持去赢得别人。"我作为班主任，既以这样的标准要求学生，同样也以此要求自己。

同时，根据学校对学生的修身成长计划，我们班开展了系列主题班会课，在学生做人方面起到了"润物细无声"的作用。此外，为了能更好地走进学生内心，倾听他们真正的声音，我们班专门设立了"流动贴吧"，即每天轮流让学生在一个公共本子上随手记录自己的点滴心情，或记录身边的闪光点。"流动贴吧"现已成为学生每天紧张学习之后的一道必备"甜品"。这一平台不仅打开了很多学生的心结，还使同学、师生之间的关系更加融洽了。

总之，班主任作为班级文化建设的主导者，要想真正建设好自己的班级文化建设，既要有足够的耐心，又要有能面对琐碎工作的能力，同时还需要有一颗玲珑的诗心，创造性地开展班级工作。

打造好积极向上的班级文化，使班级文化滋养每个孩子的心灵，让孩子们在最美好的年华充分绽放自己的青春之花，永远是我们不懈的追求，更是一件无比幸福的赏心悦事。

愿每一朵花儿都能绚丽绽放

我为美好的事物消耗着自己的感情，它们的光辉来自我不断地燃烧，但这是
一种美妙的消耗。

——纪德

为期四天的心理健康教育专业能力提升培训让人心灵激荡，耳目一新，醍醐
灌顶。李季教授以"拥有太阳以播散阳光，班级积极心理管理原理"为主题，给
我们详细讲述了积极心理学在班级管理中的运用；梁慧勤老师讲座的主题是"教
练型班主任的专业修炼"；许思安博士讲座的主题是"学生发展指导的理论与实
践"；王小棉教授讲座的主题是"积极人格的塑造"；高广方教授讲座的主题是
"正面管教与班级管理——和善而坚定地培养自主自律的学生"，告诉我们如何
培养自主自律的学生；王惠副教授讲座的主题是"T. E. T理论在家校沟通中的运
用"。这些讲座，我认为都有一个共同点——教授们从不同的角度给了我们当班
主任的锦囊妙计。

印象最深的是王小棉教授的主题讲座——积极人格的塑造。优雅、美丽、有
教育情怀、有人文关怀而且有积极学习精神的王教授，原本已经到了退休的年
龄，可以过颐养天年的悠闲生活，可她仍然孜孜不倦地站在三尺讲台，继续传道
授业，积极播撒爱的种子，以积极的人格魅力感染他人。

讲座的开始王教授首先提出了两个问题：你认为自己具有积极的人格吗？何
为积极人格？随后对人格的概念进行了解读，概括了积极人格的五个特征：内心
有爱——源于父母以及成长环境中的爱与关怀；正向而有效的信念——正知、正
念形成正能量（教育的价值取向）；较高的自我价值感，自尊自信；有自我不断
提升的动力与价值；心态积极、灵活与平和。接着教授从四个方面阐释了积极人
格的塑造方法：树立正向而有效的信念；培养健康而正向的情绪；提高自我价值
感；在关系中学习提升。同时，分三个维度说明要树立正向而有效的信念：对己
的、对人的、对事的。概括了十条信念，每条信念都直指积极人格的塑造。王教
授不仅分析了积极情绪，还分析了负面情绪，要转变观念，从负面情绪中得出正
面的意义，从而改变心情。自我价值是什么？自我价值包括哪些方面？自我价值

的意义有哪些？自我价值不足之处的表现有哪些？对这些问题，王教授都娓娓道来，让我们在如坐春风中明白：要处理好亲情、友情、爱情的关系，在关系中塑造积极人格。

在王教授的讲座中，许多案例信手拈来，有趣更有意义。有积极人格的人首先应该悦纳自己，理想的人际关系是相互欣赏，相互喜欢。一位心理健康、受欢迎的老师应具备五个条件：知识渊博、授课水平高、公正、亲切、有活力。王教授的讲座没有枯燥乏味的说教，也没有激情澎湃的豪言壮语，有的是和风细雨似的讲解分析。王教授细细的话语，甜甜的，软软的，出口成章，偶尔飞出流利的英语，让人感受到口吐莲花的曼妙，听得人心花怒放！或许，这就是积极的人格魅力，无需雕饰，却如空谷幽兰，久久地散发出淡淡馨香。王教授传达的不仅是知识，还是为人师的魅力——怀大爱，爱学生，爱自己的工作。让做人、养心、做学问水乳交融，值得深思也值得学习。很多时候，我们在班主任的一些琐碎工作中，似乎疲于奔命，走得太快，以至于忘记了当初为什么出发，我们的心也在逐渐地钙化、僵硬，忘记了教育的根本是爱。爱，能让花儿绽放，鸟儿歌唱。我们走走停停，在今后的工作中，是该沉下心来思考了。

以积极阳光的心态管理班级，引导学生拥有健康积极的心理。班主任是学生成长历程中的人生导师，也是学生心灵主要的摆渡人，以怎样的心态渡己渡人，至关重要。

想起了前段时间发生在我班级里的一件事情，平时开朗乐观的女班长接连发了很多条微博：人活着毫无意义，决定过完17岁生日就和这个世界告别……这在班里引起了轩然大波，学生纷纷来向我报告：班长微博更新的内容都离不开"死"，而且班长在课堂上萎靡不振，脸上有了明显的眼袋，分明晚上睡眠不好。于是，我把班长叫到办公室，耐心地和她聊天，问她最近发生什么事了（我知道她陷入青春期恋爱，已经三番五次找她聊天，劝她放手，安心学习，每次她都说只是朋友关系）。在我的再三追问下，她终于说出了真相：失恋了！她认为只有那个男孩子才能让她快乐，因为已经分手了，所以活着也没意义了。鉴于和她聊天的内容以及她的情绪反应，我建议家长带她去看心理医生，心理医生诊断为中度抑郁，而且有强迫倾向。医生给她开了许多治疗抑郁症的药，但家长担心药有副作用，没让她吃药。我认为班长只是卷入情感的旋涡，心结没有打开，把自己封闭起来了，所以，最好的药方可能是让她学会释怀，寻找健康积极的心态。因此，我也给她开了药方：每天写一则关于快乐的日记，每天给我讲一件积极向上的事情……

不知不觉两个月过去了，班长抑郁倾向的情绪逐渐散去，脸上逐渐有了笑容，现在她自己也认为两个月前想轻生的想法很荒唐。庆幸班长走出忧伤的情绪低谷，逐渐地以乐观积极的心态来对待自己和他人。

一线班主任应该以积极的人格、心态帮助学生，让他们有一个健康的心灵。作为学生人生路上的一个引领者，如何成全学生，让他们做最好的自己，成为他们人生某段路上的摆渡人，至关重要！在哈佛大学做心理咨询的岳晓东博士写了《登天的感觉》，该书用 10 个真实的案例，真实生动地展现了心理咨询给人的意义以及工作方式等。这本书启迪人们：帮助他人摆脱一些烦劳、痛苦，让他人能感受轻松自由飞翔到云端的感觉，这或许是作为心理咨询师最有价值的意义。"如果我真的存在，是因为你需要我"，一个人因他人的一段成长而存在，这是班主任存在的最大意义。

诗人纪德曾说："我为美好的事物消耗着自己的感情，它们的光辉来自我不断地燃烧，但这是一种美妙的消耗。"作为一线的班主任，我们应该以怎样的积极心态展示自己？首先爱自己，尊重自己，才能爱他人，尊重他人。"让每一只鸟儿都歌唱，让每一朵儿都开放"，善待每一个学生，教育教学艺术的根本：激励、唤醒、鼓舞，因为教育不仅传授知识和本领，还在于对学生积极人格塑造的引领。班主任的引领或许会改变学生一生，大到人生理想，小到生活细节，都对学生产生影响。因此，班主任应以积极的人格魅力影响学生，以一朵快乐灵动的云去吹开另外一朵云，以自己积极的心灵去唤醒另外一个心灵，愿所有的心灵花儿都能绚丽绽放，散发出属于它们自己独特的芬芳。

未来已来　砥砺精进

我对第五批省中小学名班主任培养对象的最后一次培训课印象特别深刻，每位导师都准备了珍贵的礼物送给我们：李季教授的"未来已来，何以走向远方"、陈俊教授的"积极语言，成就教育"、吴开华教授的"班主任依法治教中的若干问题"，教授们都给予了我们谆谆告诫，对我们既有嘱托，又有智慧的点拨，也有临行前的祝福。

其中陈俊教授专题讲座的主题是"积极语言，成就教育——教师管理语言的语效及启示"，主要讲了教育与语言的关系、言语与行为的理论。陈教授介绍了三个开展过的研究。研究一：学生对教师批评信息的认知、情绪反应与行为倾向的研究。研究二：学生对教师表扬信息的认知、情绪反应和行为倾向。研究三：教师的管理语言，来自人称和指令类型的发展研究。陈教授在授课的过程中更多从理论上给大家阐述了"积极语言"的重要性，深入浅出地讲解了积极语言在班级管理过程中恰当运用可以收到意想不到的效果。陈教授上课的语言幽默诙谐，让人在欢声笑语中明白了积极语言的重要性，也提醒我们作为老师，以后工作中所需要的恰当语言，学会赏识学生、欣赏学生、赞美学生，会让我们收到积极的效果。

而吴开华教授在"班主任依法治教中的若干问题"的讲座中，援引了许多令人触目惊心的案例，并加以分析，让人警醒，在以后要懂理懂法，把学生的人身安全放在第一位，安全大于天。

更让人念念不忘的是李季教授的专题讲座"未来已来，何以走向远方"，李教授首先说："你们三年的修炼已经结束，目前已经下山了，独自仗剑走天下的时候到了。"他送给我们三句话：担当精神，从左顾右盼到信步前行；面对未来，如何规划——锤炼主题，超越经验；行知未来，如何迈步——专注专业，自觉自为。李教授在讲课的过程中，给名班主任的 10 条"成名成家"建议如下：

不要迷恋名利，要以敬业之志扬名。

不要故步自封，要以勤业之心扬名。

不要人云亦云，要以专业精神扬名。

不要埋头苦干，要以乐业心态扬名。

不要搬运知识，要以思想观念扬名。

不要一成不变，要以创意立新扬名。

不要控制管理，要以人格魅力扬名。

不要兵法治班，要以智慧共育扬名。

不要经验主义，要以实验探究扬名。

不要生搬硬套，要以特色带班扬名。

教授还谈道：班主任要行知未来，懂得如何迈步。教育自觉，优秀班主任的育人情怀；文化自觉，优秀班主任的品格修为；专业自觉，优秀班主任的育人智慧。名班主任的成长自觉＝教育自觉＋文化自觉＋专业自觉。有立德树人意识，优秀班主任的教育自觉；具备文化人的修养，优秀班主任的文化自觉；有自我成长规划，优秀班主任的专业自觉。

"未来已来，何以走向远方？"感动于师父的语重心长，真正地体会到了拜师学艺下山前师父嘱托的滋味，从师父不急不慢地告诫中读出了"临行密密缝"的牵挂，有些不忍离别，有些惶恐和不舍，感谢恩师三年来的栽培和点拨。眨眼三年过去，回首发现行囊空空，还需要继续修炼和沉淀。师父的话："佛在心中，情怀为海。"一名教育者应该要有教育的情怀，未来之路，继续追寻诗和远方。

回首来时路，在这三年的时间，我本着包容、赞赏、接纳的工作原则，带领工作室的成员们一起学习提升，不断完善自己、沉淀自己。三年来，我阅读了关于教育、文学、历史、心理学、管理等方面的书籍，成为一位阅读型的班主任，在班级强调学生阅读，充实学生心灵，力求把学生培养成心智健全、人格丰满的合格公民，让学生学会做人、学会生活、学会创造、学会学习。目前，我已积累了一些理论知识和专业成长的知识。

在这三年中，我带领工作室成员积极开展序列主题班会课，已初见成效，从高一到高三，根据学生的心理年龄以及学业要求，在不同年级开展不同的主题班会：高一年级的主题为走进高中、习惯养成、学会交往、学会学习；高二年级的主题为知晓青春、珍爱生命、心理健康、法不可违；高三年级的主题为磨砺自己、科学学习、调节情绪、立志成才。根据不同的要求，每个年级每学年开展16次主题班会，三年总共开展48次主题班会，我编写的《高中体悟式序列主题班会的开展与实施》一书即将正式出版。这本讲述序列主题班会课的书，让学校的德育工作有了抓手，让班主任开展主题班会有了教案，开展班会更加有针对性和有效性。目前，该书已经在全校推广使用，这是我三年来主题班会课的结晶。

　　我在不断提升拓展自己的同时，也在不断地辐射引领其他学校的同仁们，从2016年至2019年，面向全市、全省、全国的德育专家和班主任们，分别作了近30场专题讲座。其中2016年4月9日在"第7届全国中小学德育宇班主任工作高峰论坛"上，向来自全国22个省市1 300多名专家、学者和领导作了专题报告"主题班会课的体系构建"；2016年11月24日在《班主任》杂志社举办的"班级主题文化构建研讨会"上，向来自全国各地120多知名专家、各地德育领导、优秀班主任作了专题讲座"让文化滋养班级"；另外，向广东省茂名市、顺德区、江门市、海珠区等地的德育领导、班主任们作了"做一名快乐的班主任""大处着眼，小处落笔""让主题班会课流光溢彩"等专题讲座；向珠海市各级学校、市名班主任培训班等作了"班级精细化管理智慧"等近10场专题讲座。

　　三年前我曾给自己一个美好的期许：希望能在这三年中让自己在理论知识储备上有一个突破，让自己的思想有升华总结，对于主题班会的研究能出一本专著；并且对这些年来班主任工作经历进行总结，出一本教育叙事故事集；成为在全省范围内有较高声誉的名班主任，争取评上省优秀班主任，积极努力争取成为省名班主任工作室主持人。三年弹指一挥间就结束，我距离这些目标还有一定的距离，在今后的育人道路上，我将努力实现我的梦想。

　　（1）终极目标。努力完善自我，做一名学生喜爱、同行赞赏、智慧型与艺术型相结合、有教育情怀的班主任。

　　（2）近期目标。经过三年培训，逐渐由经验型班主任转变为智慧型、艺术型班主任，由教育型班主任向科研型班主任转变，能够依据教育学、心理学、管理学等理念管理班级。今后更加重视德育知识积累和理论修养；坚持多阅读教育名著和德育文献，提升专业素养和专业能力；坚持写教育故事，积累德育素材，每学期完成一篇高质量的教育论文；加强科研意识，完成德育科研课题。深化主题班会的开展与研究，以及培训结束后争取被评为省名班主任工作室主持人。

　　未来已来，希望我们能一如既往地简单做人、真心待人、潜心育人，砥砺精进，期待一路收获、一路花香。

雨润心田　雪莲花开

——浅谈与内高班学生的沟通

爱是教育的基础，爱学生是教师的天职，人生需要爱的温暖，犹如沙漠需要绿洲、春草盼甘霖。对来自天山的特殊孩子们来说，老师不光是传道、授业、解惑的师者，更是能走进他们的心灵，能与他们心心相印的朋友。可能许多老师会说：我是爱他们的呀！可是他们似乎不理解我。那么，该如何去爱他们？如何让这群孩子接受你的爱？这需要老师学会与他们推心置腹的沟通，建立起心灵的桥梁。

教育家苏霍姆林斯基曾经说过这样的一句话："不理解孩子的内心世界，便没有教育文明。"在世界文明的今天，建立一种符合教育发展的新型师生关系成了素质教育的基本要求。1996 年，联合国教科文组织召开了以"面向 21 世纪师范教育发展"为主题的国际教育大会，会议强调了教师的四点职责，其一就是教师要与学生保持重要关系，即构建新型师生关系，而这种所谓的"新型师生关系"即是和谐、平等的关系！对于内高班的学生，老师不光是他们的良师，更是他们的益友，给他们以亲人般的温暖，与他们建立起一种信赖关系。

一、内高班学生来到内地的一些现状

内高班学生作为一个特殊的群体，首先他们远离家乡和亲人，来到陌生的内地学习，由于气候、生活习惯、学习思维模式等与内地学生有很大的区别，他们来到内地之后，有各种不适应，尤其到了南方海滨城市，八、九月的南方是火热的，而新疆已经凉爽宜人，因此许多学生来到南方首先是对气候不适应，感觉整天都浸泡在汗水中；其次是他们远离亲人，有一种背井离乡之感，孤独感、陌生感会油然而生；最后是他们建立的朋友圈发生了很大的变化，南方的孩子性格相对要开朗、大方一些，而内高班的孩子相对比较内敛，因而内高班的孩子们来到南方之后，很容易出现与新疆生"抱团取暖"的现象。更重要的是，由于他们周末不能回家，因此，孩子们在周末往往会出现无所适从的情况，对内地的学校缺少一种归属感，心灵处于一种漂泊的状态，容易产生低落、失望的情绪，甚至会有更极端的表现。

二、与内高班学生沟通的技巧

（一）真心，建立真挚的师生情感

苏联心理学家赞可夫指出："扎扎实实地掌握知识与其说是靠多次的重复，不如说是靠理解，靠内部的诱因，靠学生的情绪状态而达到的。"班主任与内高班学生之间的沟通，唯有用真心才能建立起信赖。教师只有多接触学生，多了解学生，多关心学生，以情感人，倾注"母亲"般的爱去关怀他们，真诚相待，学生才会理解老师，才会愿意与老师交朋友。记得当时新疆生小雷因感冒高烧不退，在学校附近的红旗医院住院，没有亲人照顾，由于是高三，学习很紧张，同学没有时间去陪他，只有我在那里静静地守候。小雷退烧后的第一句话就是："老师，我想喝粥。"在炎炎夏日，我坐上摩托车到红旗镇帮他买粥，然后一勺一勺喂他喝。后来小雷痊愈返校上课，他在我们的班级日志中写道：很感谢上苍让我发烧了，我喝到了世界上最甜美的粥！老师，谢谢您的爱！"感人心者，莫过乎情。"自从小雷生病回来之后，班级悄悄地发生了变化，新疆生更乐意与我交朋友了，也愿意和我聊天谈心了，班级变得更加和谐温馨了。渐渐地，学生开始依恋我，每年暑假当他们坐上北往的火车回家，我的心也随之到了新疆，我也总能在暑假收到类似的信息："老师，您还好吗？我很想念您！"每当读到此，总会有一股暖流涌上心头。师生之间，只要建立起了信赖，何愁班级管理不好呢？

（二）细心，触摸到指尖都是爱

"捧着一颗心来，不带半根草去。"内高班的班主任一定要换位思考，从点滴做起，从身边的小事做起，让学生触摸到指尖都是爱。"子非鱼，焉知鱼之乐。"从新疆来的孩子，对环境有些不适应，因此，布置教室的时候可以融入一些新疆的文化元素，让新疆生有宾至如归之感。同时，在安排班级座位的时候，也可以让新疆生与本地生成为同桌，便于学生之间互相沟通。为了让本地生能了解新疆生的生活习俗、宗教信仰，可以开展别开生面的班会：新疆是个好地方。让新疆生大胆介绍自己家乡的风土人情，激发新疆生对家乡的自豪感，同时也拉近了他们和本地生之间的距离，激发本地生对新疆的向往之情，由此而产生对新疆生的友爱之情。优美的教室环境是无声的，也是无所不在的，它使学生像海绵吸水一样，浸润其中，它的感染力像潜流，持久地影响着学生的日常思想行为，促进师生、生生之间的沟通，也能让学生有一种既来之，则安之的心理，更利于新疆生安心学习。每逢佳家倍思亲，每逢过古尔邦节的时候，班级同学们一起庆祝，我还给新疆生派利是；过端午、中秋等节日的时候，我们用班费买一些零食、水果等邀请新疆生一起庆祝，让他们真正体会到家的感觉，让他们感觉亲人就在身边，温暖就在身边。班上有一个叫迪丽莎的女生，每到冬天的时候，她的关节炎总是复发，疼痛难忍，医生给她贴膏药也无济于事，上课经常神思恍惚。于是，她给家人打电话，想回新疆学习。我找她聊天，发现她腿疼的主要原因是穿得太单薄，膝盖受凉了。于是，我去商场给她买了 2 双护膝，让她冬天的时候一直戴上，后来，那女生来我办公室乐呵呵地告诉我：老师，我腿不疼了！我也不想回新疆了！

其实，爱就是那指尖的一点温度。老师，做一个生活的有心人，师生之间的任何冰封都可以融化。雨果曾说："花的事业是尊贵的，果实的事业是甜美的，让我们做叶的事业吧，因为叶的事业平凡而谦逊的。"内高班的班主任就像那默默奉献的绿叶，时时刻刻托着鲜花的娇艳，也正是这种"润物细无声"的细心守候，才迎来了雪莲花开。

（三）耐心，守得云开见月明

教育家陶行知先生曾有一段话："真教育是心心相印的活动。唯独从心里发出来的，才能打动心灵的深处。"与内高班学生的交流，班主任一定要"交出自己的心"。"交出自己的心"，看似简单的一句话，却包含了许多的智慧与技巧。这份"心"的意义非凡，有一份"奉献之心"，有一份"理解之心"，有一份"平等之心"，还有一份"责任之心"（李镇西语）。"交出自己的心"，老师一定要有耐心，才能守得云开见月明。

由于文化、宗教信仰等方面的差异，班主任与这一群来自雪域高原的孩子交朋友，让他们接受你，最后能够敞开心扉地拥抱你，需要一个过程，"耐心和持久胜过激烈和狂热"。记得当时班上有个来自新疆阿拉山口的蒙古族男生小勇，来到我班上已经一年了，我几乎没见到过他开怀大笑，也难得见到他与班上同学一起说笑聊天，整个人似乎心事重重而又有点桀骜不驯，而且学习心不在焉。我曾经多次找他聊天，但都因为他的沉默而告终。终于有一天，他和内派老师闹翻了，他跑到办公室告诉我：他准备退学了。记得当时我很冷静，让他坐下慢慢说，我等他发泄完所谓的不快乐之后，问他是否考虑他家人的感受，能否谈谈他的家人。可能我不经意间的问话说到了他内心的酸楚，他号啕大哭起来。尔后，我知道他是在单亲家庭长大的，与母亲相依为命，并且母亲身体很不好……知道了他不快乐的原因是担心母亲身体，他想退学的目的是想早一点回家挣钱，让妈妈轻松一点。我用了半天的时间与他聊亲人、学习、以后的人生打算，并与他妈妈通了电话，希望他妈妈也能给予孩子鼓励与安慰。自那以后，小勇像变了一个人似的，和我也成了无话不说的好朋友，他课间能与同学有说有笑了，性格也开朗了，学习也非常刻苦。功夫不负有心人，他最后顺利升入了浙江大学，目前在珠海工作，逢年过节我总能收到他的问候。回想当初我自己的做法，很庆幸我当时没有一味地责怪他，也没有放弃他，而是一再用耐心坚守等待。有人说，教育是一个守望的过程，我为自己曾经的守望而自豪。

雅斯贝尔斯曾说："教育本身意味着一棵树摇动另一棵树，一朵云推动另一朵云，一个灵魂唤醒另一个灵魂。"对于内高班的学生来说，与他们以心换心，才能和谐沟通，才能擦出爱的火花，才能心心相印，才是真教育！江山如有待，花柳自无私。作为一名班主任，只要真心、细心、耐心地与新疆生沟通，相信"忽如一夜春风来，千树万树梨花开"，那一朵朵雪莲定会灿然绽放，报你以馨香和微笑。

遇见，我在这

——参加广东省名班主任哈尔滨交流学习感悟

> 人们居于此世，向着生命，
>
> 犹如年岁，犹如时代向往更高，
>
> 亦如更替，许多真实诚为多余，
>
> 在不同的岁月里持存；
>
> 圆满亦如此同一于此生命，
>
> 人因顺从于崇高的追寻。
>
> ——荷尔德林《时代精神》

深秋时节，不觉来到安静而明丽的哈尔滨，这是一座让人来了就忘不了的城市。作为北方老工业基地，这里的建筑既有北方传统建筑的风格，又有特殊的异域风情，些许神秘和历史厚重感让初涉者充满新奇与兴奋。

徜徉在中央大街，异域风光带给人不一样的感觉。松花江边灯火璀璨，而记忆中所熟知的松花江是当年那首传唱经久不衰的歌谣：我的家在东北松花江上，那里有森林煤矿，还有那满山遍野的大豆高粱。我的家在东北松花江上，那里有我的同胞，还有那衰老的爹娘……而今这里有繁忙的夜市，朋友相聚，喝着黑啤、黄啤……聊着各自的欢畅。这座城市，在夜色中散发着更加迷人的魅力。

遇见就是美好。带着好奇与激动的心情，我与广东省德育指导中心的6位导师（教授）、广东省第三批省名班工作室主持人、广东省第五批省名班主任培养对象一行90多人相聚这里游学，开启为期一周的红色教育之旅。

一、爱国：铭记那些曾经负重前行的人

爱国主义就是千百年来固定下来的对祖国的一种最深厚的感情。参观黑龙江省博物馆、黑龙江抗日联军博物馆，让我们了解了东北的发展史，心潮澎湃，感受这片土地上人民的倔强不屈与坚强，他们是我们中华民族的脊梁。日军731部队罪证博物馆，记录了丧失人性的侵略者的罪行、反人类的人体细菌实验和

细菌战……当年的侵略者血迹斑斑，罪行累累。目睹这些资料图片，我们的心情陡然沉重，有些艰于呼吸。铭记华夏民族曾经所受的苦难，铭记无数为中华民族的复兴与崛起而负重前行的人们，他们是中华民族的脊梁与骄傲。今天，我们唯有励精图治，唯有强大，才能屹立于民族之林，才能呼唤和平，才能让世界美好。

作为一名班主任，我们在引领学生做人的过程中，首先要教会学生爱国，有国才有家，让学生铭记那些曾经为民族的崛起、为祖国的强大而埋头苦干的人、拼命的人。正如中国核潜艇之父黄旭华隐姓埋名30年，用算盘和计算尺算数据，造出中国第一艘核潜艇，他总结人生时，这样表示："当祖国需要我冲锋陷阵的时候，我就一次流光自己的血，当祖国需要我一滴一滴地流血的时候，我就一滴一滴地流。"作为一名施教者，我们有责任引领学生把祖国装在心中，不忘历史，砥砺前行。

二、育人：怀诗心做最本真纯美的教育

育人如养花，精心培育，用心浇灌，一定会有灿烂的花儿绽放。一所局促、狭小到甚至只有一个门牌的学校——哈尔滨市铁岭小学，带给人无比的惊喜与惊叹。无论是校园内楼道的布局，还是每个教室墙面的布置，都是小而巧思、精而别致的，管理精细有序。"办一所值得学生怀念的学校"，是这所学校的办学理念，没有豪言壮语，却是如此的贴心与温馨。这是一所有爱有温暖的学校，留给孩子无限的回想与爱恋，这样的学校，有希望和快乐，种下希望，静待花开。

哈尔滨航空服务中职学校，是全国100所中职学校中唯两所民办中职中的一所。走进校园，给人印象最深的是师生都彬彬有礼，随处可见学生给老师鞠躬，给来访的老师们鞠躬，学校的老师们也给来访的人员鞠躬，师生说话轻言细语，整个校园让人觉得温馨舒适、和谐友爱。

三百六十行，行行出状元。这所学校的学生绝大部分是被普高拒之门外的孩子，但是，他们进入这所学校经过学习之后，变得举止端庄得体，能唱能跳，能文能武，毕业后当了飞机、高铁乘务员等，真正活出了属于他们自己的自信与青春模样。

感叹于这些学生的成长与发展，为什么这些学生的潜能会被激发、被唤醒？我觉得源于该校对学生的尊重。美国教育家爱默生说："教育的秘诀是尊重学生。"没有尊重就没有教育，没有尊重就不会有个性的发展，尊重学生是我们每一位老师应该做到的。尊重是一朵花，一朵开在心间的花，尊重学生的人格，尊

重学生的自尊心，尊重学生的个性。这所学校的老师对学生无尽的关怀和尊重，值得我们学习，尤其对于普高的老师们来说，面对升学率的压力，我们如何激发学生的潜能？如何引导学生做最好的自己？值得我们深思。

适合学生的教育是最好的教育。育人，我们应该放缓脚步，少一些功利心，让学生顺势而长，老师顺势而为，这或许是最和谐的教学相长的画面。

怀着诗心做纯美的教育，把教育的过程描绘成一幅画，这是对哈尔滨市征仪学校最深的印象。哈尔滨市征仪学校是一所九年制的学校，学校"以五彩征仪开启师生五彩人生"作为办学理念，博征、美仪、新路，开创学校五彩征仪路，每层楼有不同的颜色，有红蓝绿白紫五色，红色爱国、蓝色畅想、绿色环保、白色读书、紫色理想。每层楼一种主题颜色，每个年级一个教育主题，每个班级活动从设计到布置，都围绕统一的主题展开，教师教学活动也围绕这五个主题展开。整个校园布置给人一种整洁、明媚、生动、优美、典雅的感觉，处处洋溢着文化的气息，崇礼尚德、催人上进，注重细节，徜徉其间，让人轻松愉悦。每层楼的楼梯转角处也有文化，天花的装饰也做了精心的设计，学校的奖牌、奖杯放在走廊两边，学生可以把自己的作品装裱成走廊文化的一部分，走廊里随处可见摇曳的绿萝，有共享的书籍，培养学生教养，熏陶学生情操，放飞学生理想。我衷心佩服整个学校的顶层设计，统一布局和规划，本着学生长远发展的目标，根据学生的成长规划构建德育，在这样环境中成长的孩子，相信能在人生、理想、责任等方面有更深刻的体会和理解。幸福的孩子，开启幸福的人生。

走进东北一所威名赫赫的传奇学校——哈尔滨第三中学，这所学校有一流的设备、一流的教学、一流的学生，徜徉校园，处处能感受到浓厚的文化与底蕴。这所学校每年考上清华、北大的学生有80多人，学校根据学生的兴趣爱好特长发展，设有80多个活动社团，让学生全面发展，才艺双馨。

无论是校园布局、育人理念、教学质量，还是该校的待人接物等方面，都令人震撼。记得交流会那天，窗外寒意袭人，而室内温暖如春，丝乐飘飘，茶香袅袅，让人感觉温暖轻松惬意。在谈笑风生中，班主任们与专家教授们开展了一场别开生面的研讨会：一起研讨班主任专业化发展与卓越人才的培养。哈尔滨第三中学的会议主持人最后总结到：培养人才，尊重是基石，规划是策略，分享是良方，可以起到1+1＞2的效果。担当是使命，当英才学生遇到精英班主任，就会织出最美的愿景。

感谢遇见，在交流会中，有思想交流的碰撞，有教育的智慧火花。铁岭小学的小巧精致、征仪学校的五彩梦想、航空中职学校的高端大气与彬彬有礼、哈三中的威武霸气与精英团队，都令人叹为观止。见贤思齐，我们在育人之路上，多一些借鉴，多一些反思，多一些改变，相信教育之繁花能不断地艳丽绽放，育人之路春暖花开，花开艳艳。

一所学校，教育是生命线，德育是风景线，校园风景灿烂，需要教师怀着诗心做纯美教育，需要教师润物无声。

三、遇见：各美其美，美人之美，美美齐芳

很喜欢《桃花源记》中"林尽水源，便得一山，山有小口，仿佛若有光"的"仿佛若有光"，让人看到希望，指引人向着光亮奔跑。

每次相聚都有温暖的光源：导师们的睿智与广博，犹如高高擎着的火炬，照亮我们前行的路；而同行伙伴们有各自的精彩，犹如灿烂的星光，熠熠生辉。

印象最深的是哈尔滨工程大学葛喜平教授的讲座"班主任的教育自觉"。葛教授在大学专职做心理健康咨询，因而她有很多关于心理健康方面的案例。在讲座过程中，她快节奏的语速夹杂着地道的东北方言，讲出来的案例惊心动魄，简直可以用惨烈来形容。很多案例让人听后捧腹大笑，但笑过之后令人深思：人与人之间需要良好的沟通与理解，不然，在生活与工作中会遇到很多障碍。教师、学生、家长之间，都需要良好的沟通。教师要自觉地学习，研究学生的心理，学会和学生巧妙沟通，让学生学会沟通，做一个人格心理健全的人。葛教授在讲座过程中，给我们展示了很多心理不健全的案例，如通过患者摆的沙盘，可以看出他的家庭、人际交往等，这是一个教育者的智慧。最后葛教授给我们分享了台湾的一个教学案例："后进生"丽丽受歧视，一上课老师就到丽丽身边很亲密地打招呼，问丽丽："你家买橘子，用十块钱买三斤，每斤三块钱，剩下多少钱？"老师知道丽丽不懂，却故意说："你别说。"然后提问了一个很顽皮的孩子，那个孩子答对后，就问丽丽，"对吗？"丽丽说："对！"两个孩子大获赞赏。一个问题，帮助了两个孩子。这个案例让人感动地落泪，感动于这位老师的智慧，感动于老师对学生无声的爱，老师在用心呵护学生的自尊与自信。听葛教授的讲座，如坐春风，大家在欢声笑语中，体会到了作为教师所应承担的责任与大爱。

近代教育家夏丏尊说过，"教育之没有情感，没有爱，如同池塘没有水一样；没有水，就不成为池塘，没有情感，没有爱，也就没有教育"。感谢我们都是对教育怀有大爱的跋涉者，都在各自的工作岗位上，散发着各自的光和热，我们也都在不断地学习、吸收，沉淀自己，不断前行。最后，我想借用一首小诗送给所有奋斗在教育之路上的同仁们，愿我们都能在育人之路上边播种边收获，走出一条繁花之路。

渴望是神秘的核心

渴望本身就可以治愈

忍受痛苦，这是唯一的法则

你必须训练你的愿望

如果你想要什么

那就先奉献什么

——鲁米（斯兰教苏菲派诗人）

点亮心灯　当好向导
——西南大学研修学习杂感

教育不是把篮子装满，而是把灯点亮。

——约翰·奈斯比特（世界著名的未来学家）

重返让人精神明亮的地方——大学校园，静心坐在教室里听课，重走青春之路，接受一次心灵的洗礼，曾经那份倔强而骄傲的青春，在风中轻舞飞扬，能安心学习，真美！能聆听专家、教授、一线老师的讲座，能与他们面对面地交流与分享，真好！这六天的学习虽然短暂，但刻骨铭心，或许这六天的学习不会给我们的工作带来质的变化，但至少帮我开启了一扇窗，让我看到了工作中那些曾经被我忽视的亮光。我相信在未来的育人生涯中，我会对自己的一些教学思维模式、与学生相处的方式等作出一些调整，逐步完善班主任工作。育人之路，是一场美丽的修行，渡己也渡人；育人之路，也是一次漫长的登山之旅。师者要当好向导，引领学生登上属于自己的那座巅峰。

一、心泉叮咚爱意满满

最初看见屏幕上展示授课老师的简介：全国知名班主任，全国十佳小学班主任，有"新班主任随身军师"美誉的田冰冰，我心里咯噔一下。对于一直从事高中教学的我来说，我刚开始认为听小学老师的讲座或许有些"幼稚"，而田老师的讲座"转变教师传统工作状态的'破关五维'"，让我心泉叮咚，如山间明月清风，缓缓吹拂，让人心静。

田老师倡导班主任由抓两头、带中间转向关注人人，由被动抵挡到主动诊疗，由单兵作战转向全员共育，由简单执行到特色经营，由猴子掰玉米到积极反思……田老师从《一个小男孩儿被反复拒绝之后》《班上突现斧头帮》《一个苹果引发的谣言》等一个个的教学案例，一步一问地启发引导我们思考，引导我们在班主任工作中学会发现学生的问题、赏识学生、激发学生的创造性和调动科任老师的积极性等。田老师的讲解诙谐幽默，谈笑风生，不经意间已抛出了无数智慧的花朵。在这收放自如的讲座背后，是田老师平时的一颗颗爱心与细心，在默默耕耘与付出的同时，一路播种一路收获，才有如此丰厚的感悟与阅历。

田老师的讲解没有激情澎湃的豪言壮语，她讲话缓缓的，但是出口成章，偶尔飞出流利的英语，第一次让我感受到了口吐莲花的曼妙，听得人心花怒放！或许，这就是人格魅力，无须雕饰，却如空谷幽兰，散发出淡淡馨香。更重要的是，为人师的魅力——怀大爱，爱学生，爱自己的工作，在做人、养心、做学问之间水乳交融。作为一线的教师，这值得我们深思，也值得我们学习。

做人做学问需要潜下心，精耕细作。很多时候，我们在慌乱中，似乎疲于奔命，为一时的名利和喧嚣，走得太快，以至于忘记了当初为什么出发。我们的心也在逐渐地钙化与僵硬，而教育的根本是爱。爱，能让花儿绽放，鸟儿歌唱。我们走走停停，在今后的工作中，是该沉下心来思考了。

二、处变不惊智慧飘飞

"美的真谛应该是和谐。这种和谐体现在人身上，造就了人的美；表现在物上，造就了物的美；融会在环境中，造就了环境的美。"（冰心）和谐校园、平安校园，这是学校能让学生静心学习的基本保障，而在我们的身边或多或少会发生一些意外事件，我们该怎么处理？

周翱处长的讲座"中小学突发事件的处置与舆情管理"给我们提供了无数的锦囊妙计。对应急事件的处理，本以为是枯燥乏味的讲座，可是在周处长轻松率性的演说下，变得生动又有趣。周处长通过一个个鲜活生命凋零的痛心事例，引出与家长、与社会沟通的方式与方法，这不仅仅是一堂关于校园突发事件的讲座，更是一堂关于人生、社会处世哲学的智慧分享。周处长的讲座里有渊博的知识，严密的逻辑推理能力，能洞悉一切的敏锐观察力，也有"水"一样的性格，处事温和，情商高妙。能够处变不惊，智慧飘飞，让人听后拍案叫绝。

尽管是一堂关于突发事件处理的智慧讲座，但事件关注的中心是生命。作为人师，我们每天面对一张张鲜活的笑脸，每一张笑脸背后的故事，我们是否有用心去聆听与解读？我们是否有用心去及早发现与预防？或许我们多一分倾听，多一分细心，多一分关怀，对于家长和亲人来说，就少一分伤痛；对于我们的校园，就多一分生机；对于我们的社会，就少一分损失。应急事件处理背后应该是暖融融的人性关怀，这是每一位教育者应有的责任与担当。

三、享受过程激情飞跃

诗人纪德说："我为美好的事物消耗着自己的感情，它们的光辉来自我不断地燃烧，但这是一种美妙的消耗。"美学博导赵伶俐老师，用渊博的知识和作为人师对于生命意义的感悟，将诗人纪德的这句话诠释得淋漓尽致。

赵伶俐老师在讲座"班主任：攀登人生壮丽高峰的向导"中深入浅出地讲解：人生如珠穆朗玛峰，登上一座一座的山峰，本身就是人生的过程，征服那座山！这本身就是最美丽、最迷人、最狂野的梦想。而班主任就是学生面对人生这场"登山运动"的向导，班主任的工作就是在引导学生不断地向前攀登。当学生征服一座山之后，是否还有继续往前的动力？比如学生心目中的高山是考上名牌大学，而当考上名牌大学之后，学生是否觉得目标已经实现，再无山可登？班主任该如何引导学生继续攀登？那就要为学生的心灵布景。人的心灵可以空空荡荡、杂草丛生、漆黑一片，也可以充满思想、知识、情感、梦想，丰富多彩，光风霁月！这是一个无需金钱购买，就可拥有的无限广阔的空间，但需要引导学生去布景。如何布景？知识布景、情感布景、形象布景。每一次布景都是一次自我塑造的过程，也是一次人生登高的过程！腹有诗书气自华，作为人师，应该给学生点亮一盏心灯，照亮学生登山的路。

赵老师的讲座给人很多启迪，学生的人生质量与班主任的人生质量直接相关。雷夫·艾斯奎斯《第 56 号教室的奇迹》："一间教室能给孩子们带来什么，取决于教室桌椅之外的空白处流动着什么……是什么东西决定教室的尺度？——教师，他的面貌，决定了教室的内容；他的气度，决定了教室的容量。"因此，教师对学生教育的前提，首先是自我教育。正如登山向导必须自己先登山，只有体验过"会当凌绝顶，一览众山小"的开阔视野，才能激情满怀地向学生描述"海到无边天作岸，山登绝顶我为峰"的快意。班主任应该与学生一起登高望远，走过、享受、创造生命所有美好的过程和瞬间，画出一条、两条……无数条绚丽的人生曲线，用最沸腾的温度，跳出自己人生最完美的舞蹈！

爱因斯坦认为："个人的生命只有他用来使一切有生命的东西都生活得更高尚、更优美时才有意义。"作为班主任，带领学生享受每一个生命过程，激情飞跃，用心感悟，过程远比结果重要。绚丽的烟花精彩绽放，它的美丽就在于过程，而我们作为人师，我们的精彩在于引领学生征服一座又一座的巅峰。而当你从三尺讲台光荣退役的时候，定会对自己灿然微笑：我们的生命曾经因带领学生激情飞跃而注定不平凡。

为期一周的理论学习已经结束，教授、专家、老师们风格各异，有的如香茗，让人品之，唇齿生香——田冰冰老师；有的如一曲华尔兹，绚丽的舞步，优雅的姿态——赵伶俐老师；有的如爵士乐，让人思维跳跃，通达快意——周翱处长。他们仅仅三小时的讲座让人记忆犹新——不仅有广博的知识，还有深刻的思想以及人格魅力。为人师，如果多年后，学生能津津乐道于当年的某一节课、某一位老师曾经的一笑一颦，我相信这位老师无疑是富足的，也是幸福的。生活不止，奋斗不息，明天还在继续，点亮心灯，继续前行。

用激发唤醒　待一树花开

——华东师范大学研修学习杂感

我有幸到华东师范大学参加了市教育局德育科组织的市名班主任研修学习，教育局的安排原本是一周的听课学习，一周到上海市建平中学的跟岗学习。因担心班级学生的课程落下，我只静心地听了整整六天的讲座。这些讲座分别出自专家、教授、一线的老师，可以这样说，六天的讲座都让人心绪跌宕，经历一次次思想洗礼，或多或少地激起我对自身的教学状态、工作方法等方面的思考。静心坐在教室里听课，重返校园再次当学生，让我找到了曾经青春飞扬的日子，在似乎有些疲惫倦怠的工作状态中，在每天早出晚归的慌乱日子中，曾经的些许梦想，在日子中凋落。这六天的短暂学习令我刻骨铭心，或许这几天的学习不会带来本质的变化，但是我相信在未来的一段时间里，我会对自己的一些教学思维模式、与学生相处的方式等作出一些调整。现将当时学习的一些杂感一并附录。

一、灵魂生香——听课偶得

抵沪之前我一直很犹豫和踌躇，感觉有些"狠心"，丢下一群面临高三毕业的学生，在华东师范大学研修学习两周。但听完昨天的课，我很庆幸自己暂时放下工作重返校园。马兰霞老师在讲座"研究教育案例，提升实践智慧"中，将两个教学案例作为导入语，一步一问地启发、引导我们思考，由案例引出：影响教育效果的因素排序是教师人格、师生关系、教育方法。不经意间，马老师抛出了无数智慧的花朵，教育的本质是爱。老师的讲解让人有如坐春风的感觉。

沈烈敏教授在"师生心理健康养育"中更是深入浅出地阐明什么是心理健康。对于许多案例，沈教授信手拈来，有趣更有意义。心理健康的人首先应该悦纳自己，理想的人际关系是相互欣赏、相互喜欢。一位心理健康、受欢迎的老师应具备五个条件：知识渊博、授课水平高、公正、亲切、有活力。这两位专家的讲解，没有激情澎湃的豪言壮语。沈教授是细细的话语，甜甜的，软软的，出口成章，偶尔飞出流利的英语，让我第一次感受到了口吐莲花的曼妙，听得人心花怒放！或许，这就是人格魅力，无需雕饰，却如空谷幽兰，散发出淡淡馨香。两位教授传达的不仅是知识，更重要的是为人师的魅力——怀大爱，爱学生，爱自己的工作。在做人、养心、做学问之间水乳交融，作为人师，这值得我们深思，也值得我们学习。很多时候，我们在慌乱中，似乎疲于奔命，走得太快，以至于忘记了当初为什么出发，我们的心也在逐渐地僵硬，而教育的根本是爱。爱，能让花儿绽放，鸟儿歌唱。走走停停，在今后的工作中，是该沉下心来思考了。

来华东师范大学已经第三天，可以这样说，每一堂讲座都是对心灵的一次洗礼：有的如涓涓细流，和风细雨，丝丝浸润，令人回味无穷；有的如狂飙突进，让人经历了一场思想风暴，如高校长的讲座瞬间可以让人大喜大悲，或诗情画意，或激越昂扬，或唱或吟。美好的时光总是过得很快，和着高校长讲课的节奏，三个小时的讲座不知不觉已近尾声，可是大家仍觉意犹未尽，难怪高校长说自己无职业倦怠，每天都在快乐地享受工作。这无倦怠的状态，我相信是因为他拥有一颗博大宽容的心，以及孜孜不倦的工作热情。诗人纪德说："我为美好的事物消耗着自己的感情，它们的光辉来自我不断地燃烧，但这是一种美妙的消耗。"工作是一个人快乐的源泉，而作为一线的老师，应精心耕耘，每天以饱满的热情去感染学生，引领学生在知识的殿堂遨游。相信尽心播种的人，定会微笑收获，与同行共勉。

真水无香，大爱无言。当了30年小学班主任的李莉老师，用她对学生的挚爱之心谱写了一种感动——师德。李老师没有用高深的理论诠释什么是师爱，而是用实际行动，从生活中点点滴滴的小事做起，对孩子进行养成教育：从如何扫地、走路、端坐到如何听课、记笔记……最美在细节，细节成就美好。孩子在启蒙阶段遇到这样的老师无疑是幸福、美好的，相信这种美好将伴随一生。很庆幸孩子们遇到了这样的恩师——景园小学的老师们，尤其是孩子班主任邓希凤老师：对孩子们潜能的发掘，对孩子学习生活能力的提升，对孩子的积极赞赏与关注，带出了一群阳光奋进的孩子。相信孩子在将来不管成功与否，都能微笑坦然面对一切，都会带着爱和责任走好每一天！感恩于孩子带着爱从起跑线出发，感谢可爱的恩师们。我作为一名高中教师，也一直注重在细节方面培养学生的学习习惯和生活习惯，相信多年后，不经意间，学生能收获一个美好的人生。

如果想造一艘船，就应该唤醒大家对大海的渴望。本以为"信息化浪潮下的教与学"是枯燥乏味的讲座，可是周局长融丰富的哲学文史知识于电子信息化的讲解中，在他轻松率性的演绎下，讲座变得生动有趣。周局长干净利落地诠释出现代课堂为什么要改革，以及改什么、如何改。随着社会发展，信息资源可以全球共享，课堂改革势在必行，但无论怎么改，班级授课制仍然是主流。随着时代的发展，现代课堂既要脚踏实地，又要仰望星空。课堂改革势在必行，反观目前我们的教学状态，尽管学校给我们配制了先进一流的设备，但可开发利用的资源很有限，相信以后会逐渐调整课堂结构，让学生主动有思考地学，而不是一味地向学生填灌知识。一堂讲座或许改变不了我们许多固有的思维模式，但让我们拓宽了视界。优化课堂、有敏锐的发现力、有梦想，或许不经意间会实现"念念不忘，必有回响"。

"让每一只鸟都歌唱，让每一朵花都开放。"善待每一个学生，教育教学艺术的根本：激励、唤醒、鼓舞。教育不仅是传授知识和本领，教师的引领或许还会改变孩子一生，小到生活细节，大到人生理想，都有影响：身边有一位同事，每天进入办公室，让人眼前一亮的一定是那锃亮、精神的皮鞋。与身边许多着装散漫、鞋子似乎永远脏兮兮的同事相比，那位同事显得格外的昂扬奋进！曾问他为什么他的鞋子如此干净，他说受高中班主任的影响，学高位师，身正为范。老师的一举一动左右着学生的视线，老师应该用真诚感染学生，用真情关注学生，用真挚接纳学生。蒋老师的讲解轻松优美，始终保持微笑的姿态，优雅优美，桃李不言，下自成蹊！

为期一周的理论学习已经结束，教授、专家、老师们风格各异，有的如香茗，让人品之，唇齿生香——沈烈敏教授；有的如淡菊，需轻雅细嗅——马兰霞老师；有的如一盏壁灯，灯光柔和，让人温暖愉悦——蒋微美老师；有的如爵士乐，让人振奋昂扬——高纪良校长；有的如时尚达人，思维跳跃，讲座干练深邃——周局长。他们仅仅三小时的讲座，却让人记忆犹新，他们不仅有广博的知识，更主要的是有深刻的思想、人格魅力。为人师，如果多年后，学生能津津乐道于当年的某一节课、某一位老师曾经的一笑一颦，我相信这位老师无疑是富足的，也是幸福的。

二、回味无穷——听课反思

（一）我们的业务水平有待提高

繁华的上海，无论是经济还是文化，都引领了时代潮流，向世人展现了它作为国际大都会的风采——开放、包容、接纳、吸收。上海的大学与中学，学校教学设备齐全，硬件配置高端一流；师资力量实力雄厚，教学资源非常丰富。据我了解，上海的中学老师们，每周都有固定的培训学习时间，学习也成了老师的常态，每次学习都有专家、教授或是一线老师亲临授课，以提升老师们的业务水平，老师们人人都得承担或参加一些科研课题。反观我们珠海的教育，我们拥有得天独厚的资源：校园广阔，开放大气，但是我们的老师似乎还缺乏精进的学习状态，至于搞科研的就更少了。我们身边对老师业务素质提升给的机会很少，尽管偶尔有业务培训，但也是形式大于内容。听课的老师们在场内进进出出，高谈阔论，缺少一种沉下心来学习的状态。板凳要坐十年冷，作为教育者，真的应该静心思考一下我们肩负的责任与使命。从上海回到珠海后，我觉得自己很幸福和安逸。上海的节奏很快，上午 12 点放学，下午 1 点钟上课，由于交通拥堵，老师们回到家已是 6 点钟左右，相对而言，珠海的老师们节奏更慢，可自由支配的时间更多。

（二）我们身边需要有一大批传递正能量的人

与上海的老师们接触，我发现他们身上有一些可贵的品质：热情、昂扬向上。因为特殊的原因，有幸走访了上海嘉定区，参观了嘉定区的学校，并参加了他们的一次关于德育课堂的培训。在场的老师们都认真地记录，学习氛围很好，精神也很饱满。我真心地希望我们的身边有更多的人能真正回归校园，还校园一方固有的纯净与美好，为人师，应该以教学为第一要务，经营好那半亩方塘。

（三）他山之石，可以攻玉

一个校园的美好，首先是每位老师的美好。每位老师的美好，首先是心灵的美好。只有拥有心灵的美好，才能引领学生走向美好。最初，我们也有梦想，也希望能桃李满园，或许是时间的消磨，我们有些人产生了职业倦怠，甚至变得麻木了，出现了些许困惑和些许惰性，久而成疾。如何克服职业倦怠？或许我们应该走出去，看看外面的世界，这可能能让蛰伏已久的梦想激起一点涟漪，让我们能重新投入那方讲坛，让花儿更加灿然绽放。

兰俊莹

　　珠海市广东实验中学金湾学校语文老师，兰州大学汉语言文字学专业硕士。目前任高三年级班主任，带领班级多次获校"精神文明班、文明示范班"称号；个人荣获校"优秀班主任、优秀教师"称号。

一起去看海

　　同学们的心中可能会有自己的一堵墙，只有走进去，你才能帮助他们。可是打开这堵墙的方法，只能靠自己去寻找。

　　小茹是一位可爱的女生，她有着大大的眼睛和圆圆的脸，总是面带笑意，可是笑意却不达眼底。在班里，她没有玩得好的朋友。高一时，她总请假回家，也因此耽误了好几次考试，成绩下降得厉害，她的父母为此也越来越着急。后来，她不仅成绩下滑，还悄悄带手机回学校使用，晚修也不能自觉地在教室里学习，课上总打瞌睡……看见她的种种表现，我心里十分难受。我多次想和她沟通，但是她总用那张笑脸将我拒于千里之外，拿一些无关紧要的理由搪塞我，将她的心门紧紧锁住。我和小茹的父母多次沟通，她的父母告诉我小茹回家后身体很快就好了，只是不愿回学校，而且很爱自己一个人去海边散步。他们为此百思不得其解，说孩子原本是很开朗的，也很愿意和父母沟通，初二后就变了。

　　我察觉到这应该是一个关键信息，说不定是打开小茹心门的钥匙，但苦于找不到合适机会，为此我需要等待一个恰当的时机。

　　一天夜里，宿舍熄灯铃声响起，学生们都准备就寝，我也准备回家休息。可这时，宿管突然打电话给我，说我们班的小茹因大意上楼时摔倒，致使其肘部疼痛难忍，需要立即联系家长带学生去医院检查。我立马赶到宿舍楼下去确认小茹的情况，并连忙联系小茹父母。小茹父母表示他们赶到学校需要一个小时。看到小茹惨白的小脸，我和他们商量着先由我将小茹带去学校附近的医院。

　　到了医院，拍过了 X 光片后，我和小茹安静地坐在深夜的医院走廊上等待结果，也等待她父母的到来。因为肘部的疼痛和惊慌心情，小茹忍不住低声哭了起来。我摸摸她的头，轻声安慰她，让她靠在我怀里闭目养神，直到她父母赶到医院，我才离开。我离开时，小茹用感激的目光一直望着我。

　　当她再次回到校园，我感觉到她对我的感情发生了变化。她总是用充满信任的目光望着我。在校园里，她远远地见到我，总是大声地向我打招呼。终于有一天，当我再次问起她的过往时，她迟疑地开口："初二时，班里的女生都嘲笑我长得胖，给我取难听的外号……"她像是决心要和这段过去告别，和我一五一十地讲了她初二的往事。原来因为青春期的发育，她的体重发生了明显的变化，同学们的不理解使其总被嘲笑，她为此变得不愿意上学，不爱和人交往，逐渐变得内向、自卑。她喜欢一个人去海边，因为蔚蓝大海的无边无际可以让她得到片刻的宁静。我告诉她："'除真挚的心灵外，别无高贵的仪容。'心灵美才是真正的美，要想获得同学们的认可，只需更多地展示真实的自我，相信同学们会看到独属于你的美丽。你不和同学、老师交流，待在学校的时间少了，这不是把原本可能会成为你好朋友的人推得越来越远了吗？"

从那以后，我不断鼓励她要好好表现自己，肯定她的每一次进步，并且总会在班级学生面前大大地夸奖她，放大她的闪光点。每次受到夸奖，她的小脸都会变得红扑扑的。小茹的父母也配合我的工作，与她交流时也以鼓励为主，总是和她说："最近老师打电话夸奖你啦！""上次开家长会的时候老师表扬你啦。"在最近的一次考试中，她在物理学科的排名进步了193名，获得了"高三年级物理方向进步第十名"的荣誉。在学生大会上，她站上了领奖台，眼里闪烁着喜悦、自信和对未来的向往，在台上冲我扬起了灿烂的笑容。

有一天早上，我在办公桌面上发现了她写给我的一则短信："老师，我本不愿想起那些事情。但是我愿意和你讲，是因为你在我受伤的那一晚陪伴着我。你的手好温暖，你的声音真温柔。我感觉你是可以信任的人，我相信你可以帮助我。你的表扬给了我莫大的肯定和激励，让我逐渐又找回了自信。老师，希望明年高考结束，我们可以一起去看海！"

我细细地读完这短信，并将其珍重地收藏了起来。好的，明年夏天，我们一起去看海……

每个学生的心中都会有自己的小秘密，不愿意和老师、同学们分享。学生们也都会审视老师是否可以信任，对此，我们无需着急。因为我们不知道学生们会在哪一刻需要你挺身而出，而陪伴就是最长情的告白。当他们愿意与你分享时，你就已经走进了他们的心。作为一位老师，还有什么比这更让人喜悦的呢？

爱看课外书的女孩

教师面对的每一个学生，都是独立的生命体，都有不同的个性和特点，因此影响他们发展变化的因素是错综复杂的。我们必须针对他们的个性特点，认真分析，区别对待。对待学生的办法，没有永远的雷同。每一个孩子都是一块璞玉，打磨好了，他们或许能成为世间美玉。

我任教的班级有一位女生小晨，她的成绩排名无论在班级还是在年级都相对靠后，各科成绩也没有明显优势。她在班级内存在感不强，没有玩得好的朋友。我去家访时，从她的母亲处了解到她会主动要求自己的父母给自己报补习班，每周回家都会上一到两节课。在校上课期间，她会每天早上六点半之前到班自习，在周末时她也会主动申请留校自习。她从不欠交作业，对老师也十分尊敬。

我不禁感到疑惑，她这么努力地学习，如此地积极向上，为何成绩的反馈不是很理想呢？经过一段时间的观察，我发现她非常爱看课外书。书包里、课桌里和床头边总有一本课外书，校图书馆颁布的年度借书榜上，她的排名遥遥领先。课间、午休时、晚寝前，都能看见她捧着书卷如痴如醉阅读的身影。更甚者，上课时、晚自习期间，她也在读课外书。对此，我不禁有些担心，爱看书是好事，但是她的看书已经影响到了自己的正常学习。课堂的学习状态和课后作业的质量都无法保证，老师教授的知识她又怎能掌握呢？

在与小晨父母交流的过程中，我也了解到她父母对她有很高的要求和期望，她父母也不能理解为什么自己的小孩上高中后成绩一落千丈，常将小晨和她的朋友们作比较，"成绩"二字更是不离口。曾在一次短短十分钟的沟通里，她的母亲重复多次："我一直跟她说，你这么努力，那成绩呢？我要看成绩啊。"或是"没有成绩，这么努力有什么用呢？""成绩"这个词出现频率很高。

经过和家长的沟通、小晨的谈话及查阅资料，我了解到小晨成绩不佳的主要原因是她的逃避心理。因此，我尝试通过与她深度沟通来打开她的心结。

一、第一次沟通：自我剖析

我先和小晨有了一次开诚布公的谈心，统一我俩对现状的认识。我尝试引导她反思以下问题：自己的长处是什么？劣势是什么？对自己的现状是否满意？如果不满意，原因是什么？是否有改变的方法？可以尝试怎么做？

通过这次谈话，小晨对现状有了充分的认识，思考了现状的成因，也增强了她自主选择的意愿。

二、第二次沟通：自我转变

小晨爱读书，知识面较广，文学素养相对较高，因此我邀请她担任我的语文科代表。她也很愿意担任这一职位。在她"上岗"之前，我和她就"如何成为一位优秀的语文科代表"这一问题进行了深入探讨。我一步步引导她，让她自己思考：做一位优秀的语文科代表需要做哪些工作？这些工作应该怎样推进才能达到更好的效果？如果和同学产生冲突应怎样解决？如何调整自己的心态？为了让同学们信服自己，自己的生活和学习状态又需要怎样的改变？

通过这次谈话，我为她提供了一个展示自我的平台，让她能够向同学们展示自己的长处，培养自信心。

三、第三次沟通：自我挑战

小晨的学习能力并不差，曾经有一段时间她好好学习，成绩有所提升。但现在她的自信心已经受挫，所以不能要求她马上就有彻底的转变。因此，为了让小晨有不断前进的动力，我尝试设置一些"跳一跳就能够得着"的日常目标给她。在这次谈话中，我送给她一个"积分"存折，如果她能问一个问题或是被老师表扬一次，就能在存折上盖一个章。只要集到足够数量的印章，就可以来找我兑换一些学习用品。在这次谈话中，我和她一起制定了短期、中期、长期的三级目标，以此引导她明确自己的目标大学和专业。

通过这次谈话，在短期目标、中期目标和长期目标的三重加持下，她对自己的学习生活有了相对明确的规划，对自己的时间把握更精准了。

缺乏成功体验，缺乏清晰、具体的目标，难以维持自我价值感等因素让小晨选择逃避，安于现状，并尝试用一些方式来麻痹自己，欺骗自己、老师和父母。经过深度沟通，她知道了原来自己的做法无异于掩耳盗铃，于是她重新审视自我、改变自己，不断挑战、重拾信心。而小晨的变化也是巨大的：在时间管理上，她学会了做时间规划；在家庭关系上，她通过内心的剖析和父母达成和解，不再逃避父母关注的目光；在学习上，她的成绩在考试中逐步提升；在人际交往上，她的工作获得了同学们的一致认可。她通过自己的努力收获了成功的快乐，也找回了自信。

培养班主任的得力小助手

千军易得，一将难求。一个班级中班干部的组织领导作用的发挥往往会直接影响一个班级的凝聚力、学习氛围，甚至是一个班级的荣辱兴衰。如果班干部没能发挥应有的组织领导作用，那么班级就容易陷入无序状态，不利于班级的长期发展和进步。

在我做班主任的第二年，我本以为自己的班级管理还算不错，但班级发生的两件事情让我倍感失落。

第一件事情发生在 9 月 10 日教师节。在这个特殊的日子到来之前，学生们并没有提前向我献言献策，所以我抓紧时间购买了一些贺卡和装饰气球。9 月 9 日的傍晚，我交代学生们做好装饰。但 9 月 10 日早上到班时，我发现教室并无变化，于是非常惊讶地询问负责的学生，他告诉我："我们吹好了气球，但是因为没有找到您，不知道什么时候装饰比较好，所以就没有贴到墙上。"看着学生认真的脸庞，我不禁语塞，也哭笑不得，只好让他们赶紧把气球装饰起来。

第二件事情发生在一节自习课上。上课两三分钟后，我悄悄走到班级外，透过窗户观察，发现讲话的、打闹的、走动的同学比比皆是，教室里毫无学习的氛围，而班干部们也和同学们一起打闹，毫无管理意识。直到我走进教室维持纪律，学生才逐渐安静下来。

这两件事情让我意识到，班级学生的自我管理能力较弱，班干部的责任意识不强。我也发现，假如我的安排稍有不到位，班级就容易混乱；假如我的监督稍微不到位，教室就十分吵闹。为了能时刻维持班级的秩序，我只能增加到班巡堂的频次。但问题总是层出不穷，我既感到疲惫，又觉得无力。我陷入思考：我应该怎么做才能改变班级这一现状？

在请教经验丰富的班主任们、查阅大量资料后，针对这一问题，我决心加强对班干部的培养。班干部对于维持一个班级的和谐发展是至关重要的。他们在班级中既发挥着上传下达的作用，是老师和同学之间沟通的桥梁，又是老师的小助手，要想老师之未能想，做老师之未能做。

为了加强对班干部的培养，我采取了以下措施：

（1）加强班干部在班级管理方面的存在感。每周由班干部来制定班会课的内容，并由班干部主持班会；形成值日班长轮岗制度，让每一位班干部轮流担任值日班长，并于当日晚自习结束后作班级情况总结。

（2）将班级管理的时间转化为班级谈心的时间。我坚持每天至少和一位班干部一对一交流，针对他们的个性问题和近期状态谈心谈话，让每位班干部都能感受到来自班主任的肯定和关怀，理解班主任工作的出发点和目的，从而由衷地支持班级工作；每两周开一次班干部会议，让班干部们谈谈自己在工作中发现的问题，一起思考解决问题的方法。

（3）采用"班级行事历"来加强自我管理。"班级行事历"具体上就像学校和年级的周程表。我尝试用班级安排的结构化来应对小小的无序和混乱，就像上级通知不到位，下级不知如何展开工作。学生没有安排是因为目标不清晰，如果我提前告知班干部会发生什么事情，应该如何做，他们也就有了大致的行动方向和时间节点意识。通常周日晚，我会和班长一起决定下周"班级行事历"的安排。一些事项会让班长在班会课上宣布，也会让班长来提醒大家重要的时间节点。对于一些重点工作，班长还会写在班级小黑板上。"班级行事历"让班级变得更有序了，我也不用再担心因事情太多忘记通知学生而造成混乱，不仅省事、省心，还树立了班长的权威。

通过以上三个措施，我的班级基本形成了学生自我管理、自我监督、自我服务、自我教育的氛围。班干部们敢于发声，同学们敢于表达自我，我只发挥引导作用。而班级的氛围也变得更加活泼，同学们相互帮助，相互提醒。学生们偶尔还会和我开些小玩笑，师生关系也更加和谐。许多班级的安排，班干部们比我提前想到，我也感觉轻松多了。

对班干部的培养问题，我感触很深。想要以班主任一己之力推动全班学生转变是很难的，但是班主任可以培养班干部来帮助推动其他同学。因为如果只是班主任一味地从外部施加压力，会把学生越推越远，让他们紧密联结、"抱团取暖"，容易激发师生矛盾。所以除了班主任引导之外，还需班干部从学生内部发力，与班主任形成合力，上下齐心，一起推动班级发展。班主任在班级管理方面的存在感需逐步弱化，做到引导而不是主导，放弃大包大揽，敢于让班干部犯错误，敢于承担其犯错的后果。这个过程不可操之过急，因为班干部的成长是螺旋式的上升和波浪式的前进，我们只需静待花开。

李立国

　　珠海市实验中学副校长，珠海市名班主任，珠海市优秀教育工作者，广东省家庭教育指导师，珠海市德育研究会副秘书长，珠海市高中语文兼职教研员，珠海市作协成员，《德育报》特邀编委。出版个人专著两部，主持和参与国家级、省级、市级课题十二项，公开发表教育教学论文十余篇。曾荣获第五届广东省中小学班主任专业能力大赛高中组综合一等奖；广东省首届青年教师教学能力大赛高中组一等奖。

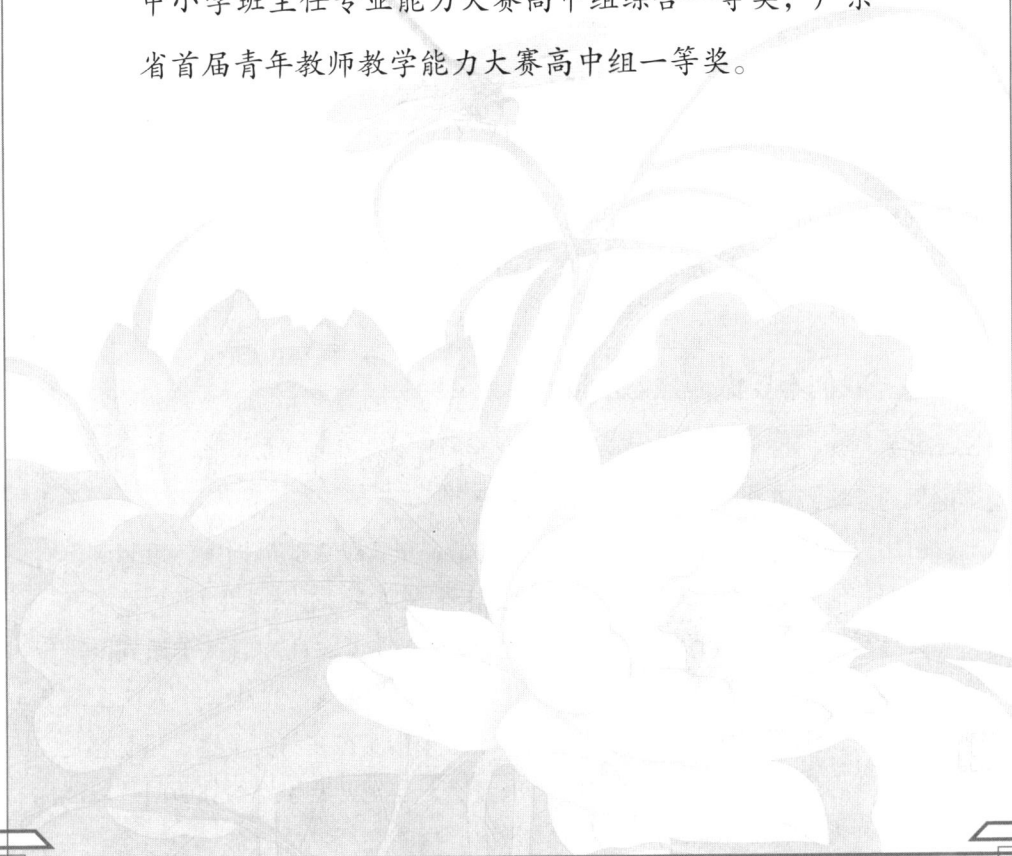

我家有儿初叛逆

世界上最遥远的距离，不是生与死的距离，不是天各一方，而是，我就站在你的面前，你却不知道我爱你。

现如今，好多人会说，世界上最遥远的距离是，我坐在你对面，你却在玩手机。最陌生的关系是，我们住在同一屋檐下，却不知道你在想啥。好吧，孩子，我们是住在一起最熟悉的陌生人。好好一个孩子，咋说叛逆就叛逆了呢？

一、毛毛虫可怕吗？

说到叛逆，各位家长可能将其视为洪水猛兽啊！

其实，随着年龄的增长，孩子的身心发生巨大的变化。叛逆就像一颗等待萌生的种子，在孩子的身体深处蠢蠢欲动。

叛逆是孩子从心理上寻找自我的表现，不过，有的孩子寻找的时间会长一点。不轻狂怎能是年少，不放肆怎么称天骄！

然而，对待自己孩子的叛逆，家长大多不能像对待毛毛虫那样宽容，能够同情他的挣扎，期待他的成长。反而觉得万分苦恼，生怕这种叛逆，不只是打破成人惯有的权威，更是打破成人世界既有的秩序。

叛逆的孩子就好像没有破茧而出的毛毛虫，无法变成美丽的蝴蝶。

二、我们不要做最熟悉的陌生人

既然是在一个共同的环境中生活，那我们就要熟悉身边的环境。家到底是一个避风的港湾，还是一座密不透风的牢笼？

引用失败婚姻中一句话："当初和他结婚是想找个人遮风挡雨，没想到所有的风雨都是他带来的。"不想以爱之名给别人带来风雨，首先要做到可及。

父母对孩子的可及性，分为空间可及性和心理可及性。当孩子遇到困难想找个肩膀靠一下的时候，发现身边没有一个可以靠的人，只能一个人流泪到天明，这就是空间不可及。空间可及能给孩子带来实实在在的安全感，只有感觉安全才会敞开心扉，而不是心门紧锁。当一个孩子想把开心事说给你听时（可能你不认为是令人开心的事），这说明你就是他心目中心理可及的人。中国语言文字博大精深，有一个词叫作：感同身受。做到这个词很难，因为就没有感同身受的时候，我就是我，不一样的烟火。哦，错了，因为你不是我，我也不是你。那如何无限靠近"感同身受"呢？要做到可及，相亲相爱一家人，毕竟相爱的前提是相亲。

其次要易子而教。

先看原文：

公孙丑曰："君子之不教子，何也？"孟子曰："势不行也。教者必以正，以正不行，继之以怒。继之以怒，则反夷矣。'夫子教我以正，夫子未出于正也。'则是父子相夷也。父子相夷，则恶矣。古者易子而教之，父子之间不责善。责善则离，离则不祥莫大焉。"孟子曰："事孰为大？事亲为大，守孰为大？守身为大。不失其身而能事其亲者，吾闻之矣；失其身而能事其亲者，吾未闻之也。孰不为事？事亲，事之本也；孰不为守？守身，守之本也。"

这么一大段，读起来还是有点头疼的，其实，孟老夫子教导我们的就是四个字：易子而教。现实教育中，找到重要的第三者，比准备一大段话要好得多。

译文：

公孙丑说："君子不亲自教育自己的儿子，为什么呢？"孟子说："因为情理上行不通。（父亲）教育（儿子）必然要用正确的道理；用正确的道理行不通，接着便会动怒。一动怒，就伤了感情。（儿子会说：'你用正确的道理教育我，你自己的做法却不正确。'这样，父子之间就伤了感情。）父子之间伤了感情，就坏事了。古时候相互交换儿子进行教育，父子之间不求全责备。相互求全责备会使父子关系疏远，没有什么是比父子疏远更不幸的事了。

大家都知道的：言传身教，

我们可能平时只重视"言传"，孩子只能听进去他喜欢的人的话。

三、寻求叛逆背后的奥秘

人类进化了几百万年，如果说，从树上的猴子到文明人是一条 9 米长的绳子，那么人类文明的长度只有 2 厘米。在漫长的进化过程中，人类的情绪没有完全进化，在我们行为的背后，都有动机和需求的影子。

没有调查权就没有发言权，在孩子叛逆的时候，我们要透过孩子的情绪看到他（她）真正的动机和心理需求。只有剥离了一个人的情绪，我们才能判断出他（她）是不是真的叛逆，也才能看清楚行为背后的真正目的和意图。

四、三件和谐的法宝

第一件法宝：尊重规律。

高中生的心理发展充满矛盾性：反抗性与依赖性、闭锁性与开放性、勇敢与怯懦、高傲与自卑、否定少年与眷恋少年。

这么纠结和拧巴，我们家长还是不要添乱了。

第二件法宝：静待化蝶。

叛逆也许是人生的必经阶段，有时甚至是可贵的品质。生活是最好的老师，时间是有力量的。他（她）的生命中不应只有手机和父母。毛毛虫需要自己努力才能破茧而出。让孩子到广阔的天地中去经历风雨吧！

第三件法宝：Live and let live。

命运馈赠的礼物，总是在暗中标明了价格，活着并且让别人也活着。孩子既是我们的孩子，同时也是老天爷投的骰子。每个人都是不一样的，每个孩子都是不一样的鲜活生命。

要想活得好，让孩子顺利走出叛逆的阴霾，请认真倾听孩子，掌握良好的交流技巧。世界上最遥远的距离，是知与行之间的距离。

一般来说，孩子进入青春期，大多会展现出各种叛逆情绪，做出一些叛逆的事情。

当孩子出现下列这 20 个细节，父母必须引起重视。

（1）早晨起来在镜子前长时间梳头，越来越关注自己的穿着和发型。

（2）情绪极不稳定，爱发脾气，会突然对你大吼大叫。

（3）手机不离手，信息提醒滴滴声连续不断，忙着回复 QQ、微信短信。

（4）走神发呆是家常便饭，跟他们讲话毫无回应。

（5）吃完饭把自己关在房间里，不允许你进去打扰。

（6）书包的夹层里放着与学习无关的物品。

（7）未经允许翻他们的书包，他们会非常生气，书包里面常常放着小纸条、小饰品或动漫书。

（8）越来越喜欢和同学结伴外出，甚至夜不归宿。

（9）找你要钱的次数越来越多，理由都很正当：买书、买文具、请同学吃小吃。

（10）回家基本不写作业，每次都说在学校写完了，让你不用操心。

（11）与电脑的亲密程度远远胜过你，常在虚拟的游戏世界里彻夜厮杀。

（12）QQ签名越来越奇怪，天堂、地狱、成魔、成仙之类的字眼，常常会吓到你。

（13）他们带回家的电子产品等不是你买的，借口是帮同学暂时寄放。

（14）对于上学、老师、班级之类的字眼很无感，或特别回避。

（15）家务活基本不做，对煮饭、拖地、整理房间毫无兴趣。

（16）不爱运动，也不参与亲友的聚会，却喜欢目不转睛地盯着手机屏幕。

（17）经常撒谎、沉默，你永远不知道哪句是真，哪句是假，也不知道他们在想什么。

（18）穿着越来越奇怪，校服被偷偷改小，长短刚好露肚脐。

（19）不爱阅读，不看电影，不进书城，却喜欢和不务正业的小混混打交道。

（20）成绩一落千丈，最怕你去开家长会，最忌讳你跟老师打电话。

如何处理青春期的亲子关系是不少家长头疼的问题。很多家长会责怪孩子，但家长不要总是找孩子的问题，也应该反省、检讨自己。青春期的孩子是敏感而脆弱的，这个时候家长应该如何应对？孩子青春期叛逆怎么办？这20条建议送给家长！

（1）处理好亲子关系，平等沟通，话题不要只局限于学习和作业。多鼓励，少责骂。

（2）尽量多让孩子讲话，你做倾听者，不要武断地代替孩子做决定。多教方法，不要直接给结果。

（3）至少保存三个老师的电话号码，以便多角度了解孩子的在校情况。

（4）至少保存两个同学和一个家长的电话号码，确保在孩子外出时间过久时能随时联系到人。

（5）定时关注孩子的书包，发现与学习无关的用品要引起警觉。

（6）注意孩子的交友情况，关注他们使用手机和电脑的频率。

（7）朋友聚会，喝酒K歌，尽量不要让孩子在场。

（8）不要在孩子面前抱怨生活，抱怨工作，说人是非。

（9）不要在孩子面前长时间地玩手机、玩电脑、打游戏、打麻将。

（10）每周和孩子来一次有仪式感的谈话，凡事要总结规划，不能处于无序状态。

（11）关注孩子的成绩，但不能只看分数，而要看变化和提升。

（12）不要在孩子面前议论学校和老师，有问题及时和老师沟通。

（13）若非特殊情况，最好不要越级给学校领导打电话，应直接和老师沟通孩子的问题。

（14）不要独断专行，按照自己的意愿安排孩子的一切，善于做个安安静静的观众，观摩鼓掌就好。

（15）凡事不要包办代替，孩子和同学之间发生矛盾，最好鼓励他们自行解决。

（16）鼓励孩子阅读、运动、去郊游、做公益，而不要局限于一间斗室，世界小，则视野小，心胸也小。

（17）如果不是特别忙碌，就把闲暇用来陪孩子，共进晚餐也是一种教育。

（18）任何时候都要尊重孩子的独立人格，与他们平等对话。

（19）父母教育观念要高度一致，帮孩子树立正确的价值观和是非观。切忌在孩子面前猜疑和争吵，父母相处的方式就是最好的教科书。

（20）永远不要拿自己孩子的短处去比别人家孩子的长处，欣赏和鼓励能让他们充满自信。（部分内容来源《中国教育报》）

触动心灵的谈话 99

触动心灵的谈话

与孩子谈话一定要"触动心灵"，这不禁让我想起最有效的谈话场景——《水浒传》中宋江送武松的桥段。

武松得到哥哥武大郎要结婚的消息，长兄为父，长嫂比母。武松要回去参加哥哥的婚礼，宋江主动拿出些银两来给武松做衣裳。只有宋江如此细心，想让英雄穿得体面些。武松终于要回去了，是宋江带弟弟宋清送他一程，柴大官人送了银两，却不曾送归人。宋江送了五七里路，武松多次说"请回"，宋江说："容我多送几步。"三人寻了一间小客栈饮了几杯。在饮酒的过程中，宋江和武松的聊天可谓是"触动心灵"，技巧就是八个字：唤醒回忆，加深感情。所谓有感情就有回忆、有故事。回忆消失了，故事不在了，感情就消失了。只要美好的回忆多了，感情自然就有了。大英雄武松在那里又吃又喝，而宋江在旁边不吃不喝，回忆过去，在这个分离的时刻，他心里五味杂陈，好多美好的回忆涌上心头，"记得我们第一次见面，那是一个初冬的下午啊……"讲着讲着，发现武松也动了感情。看看红日将西，武松纳头拜了四拜，拜宋江为义兄。宋江取十两银子（是当时中产阶级家庭大半年的生活费）送给武松。武松情不自禁地再次纳头四拜，此后他从没跟任何人纳头四拜过，打虎英雄武松已视宋江如兄如父。

学生教育也是如此：日常交往拉近距离，关键事件深化感情。先接纳情绪将事情与人分开，将事情与情绪分开。要想打开心里的那个"黑盒子"，就需要打开孩子的"话匣子"才能了解事情的原委。用心若镜照出孩子的样子，让孩子看到自己现在的状态，才有可能因材施教、对症下药来解决问题。

打开心灵的话术——海沃塔式聊天

三步走：

1. 倾听和表达——聊开

完成这一步的标准：孩子的参与度，即孩子愿意说出更多他的想法。

2. 探索和聚焦——聊透

完成这一步的标准：孩子的专注度，即孩子在聊的过程中注意力很集中。

3. 支撑和挑战——聊 high

完成这一步的标准：孩子的热情度，即孩子积极响应思考问题。

聊天事例：

【时间】晚饭前

【地点】餐桌上

【事由】小 Q 很生气，向爸爸告状，说老师罚他打扫教室卫生。

爸爸：罚就罚了，有什么好投诉的。

爸爸：老师有没有让别人打扫？为什么只让你打扫？肯定是你不对！

爸爸：什么老师？凭什么体罚学生！打 12345 投诉他！

小 Q：……

【"海沃塔式聊天"】

小 Q：爸爸，老师今天罚我打扫教室卫生。

爸爸：哦？老师罚你了，你感觉委屈了？说说怎么回事，爸爸帮你出出主意。

（倾听、保持无知和好奇）

小 Q：今天课间，我在看书，小 A 也要看，我还没看完，他非要抢，他抢不到一生气就把我的书丢地上了。

爸爸：哦，如果是我，别人来抢也会生气。

（认同孩子的情绪）

爸爸：但是他抢你东西，老师为什么会罚你呢？

（探索）

小 Q：他向老师告状了，说我带了很多课外书在教室看。

爸爸：老师没问发生了什么事吗？

（继续探索）

小 Q：我看的是连载漫画书，所以挨罚了。

爸爸：哦，你带了漫画书去教室，老师才罚你了。老师好像说过不能带与学习无关的书去学校呢！

（聚焦问题）

小 Q：可是我没影响学习啊，我在课间看的。如果不是小 A，老师也发现不了啊！

爸爸：嗯，爸爸相信你。但是，别的孩子可能会以你为"榜样"，也带漫画书去学校呀，是不是？

（挑战）

爸爸：你看小 A 就特想看，要是他明天也带一本，没忍住上课偷看怎么办？

（支撑）

小 Q：我没想过……但是，爸爸你不是让我干好自己的事就行了吗？干吗管别人？

爸爸：是的，爸爸的意思是你在不影响别人的前提下，可以干自己的事，但把漫画书带到学校，是不是对别人没影响呢？

（挑战）

小 Q：我之前以为没有。

爸爸：哦，原来是你没想到，不是有意的，对吧？那你想想，如果下次你还想看漫画书，要怎么办呢？

（头脑风暴）

小 Q：我想到了，我可以每天写完作业后，专门留出时间在家里看。

爸爸：好棒，今晚咱们就开始实施吧！

（支持帮助孩子）

孩子成长过程中，培养批判思维、思辨能力很重要，而"海沃塔式聊天"能培养孩子表达能力、联想能力、逻辑能力等综合能力，所以非常值得学习运用。

水激石则鸣，人激志则宏，水冲击着石崖会发出吼声，人受到激励也会奋发图强。我们应从语言深处寻求精神成长。

你有一只敢做梦的"神兽"吗?

您是不是也是那个喜欢"怎么"的妈妈?

大多数父母的焦虑来自"孩子还不够优秀，不够好"。这时问题来了，优秀和好的标准是什么? 是谁来确定优秀和好的标准的?

对话一:

Q: 你最大的愿望是什么?

A: 谁能告诉我如何让家中的"神兽"热爱学习。

Q: 你最痛苦的事情是什么?

A: 陪写作业一时痛，一直陪写一直痛。

对话二:

Q: 小明，你妈妈最喜欢的人是谁?

A: 是"怎么"。

Q: 为什么是"怎么"?

A: 妈妈每天都会把他挂在嘴边。

老妈的碎碎念:

怎么老喜欢玩手机呢?

怎么蹲马桶这么久呢?

怎么写作业那么慢呢?

怎么……

怎么……

这些问题的核心在于，我们教育孩子是希望将孩子教育成什么样? 我们的目标究竟是什么?

一、让"神兽"敢于去做梦

从《说文解字》看"教育"。教: 上所施下所效也。

"攴"读 pū，是一只手拿着一个木棍的样子。

"爻"是八卦中的爻卦，古时巫医一体，是先民智慧的结晶，代代相传。

育：养子使作善也。

老祖宗的智慧是无穷的。教育，是外在示范与内在植善的完美结合。

"education"由前缀 e-（向外、出来）加词根 duc-（引导）及动词后缀 -ate 或动名词后缀 -ation 构成，字面意思就是"将学生的天资引导出来"。

教育的本质是要激发学生的天资、引导学生的发展。教育是一个教会孩子做梦的过程，让孩子明白世界上有许多的可能性，给予他们实现梦想所需的才能和知识，让他们拥有向梦想前进的勇气，并且教导他们失败之后，也可以重新开始。教育是鼓励孩子而不是打败孩子。

二、教会孩子学会和自己对话

（1）拓展心理舒适区。

（2）学会放松自我。

（3）学会放空自我。

（4）不要急于兑现未来。

（5）提高双重感知能力。

三、从容淡定方可云开月明

"school"是什么意思？

因为有闲暇的时间，人才会开始学习、思考……所以英语中"学校（school）"这个字的语源，便来自古希腊语表示"闲暇"的"schole"。

从容淡定地做事情，不急不慢是一种修养，不仅是对孩子，更是对大人的一种境界修为要求。家长对事情的态度对孩子的影响是潜移默化的，不用刻意去教，孩子自己就会模仿。孩子有孩子自己的节奏，不要急于事事都催促，重要是教会孩子制订时间计划和分类整理的能力。从容淡定对事可以避免恶性循环。

家长要学会放下责任，让孩子知道哪些事是自己的事情，必须自己独立去完成。孩子自觉完成自己的事情，才会有进步。

从容淡定是一种豁达的态度，在对孩子的教育中，学到知识是重要的，学会处世的态度同样重要。

四、发展自我的才能

维果斯基的"最近发展区理论"认为学生的发展有两种水平：一种是学生的现有水平，指独立活动时所能达到的解决问题的水平；另一种是学生可能的发展水平，也就是通过教学所获得的潜力。两者之间的差异就是最近发展区。教育应着眼于学生的最近发展区，为学生提供带有难度的内容，调动学生的积极性，发挥其潜能，超越其最近发展区而达到下一发展阶段，然后在此基础上进入下一个发展区。

帮助孩子找到自己的位置，自己和自己比。苟日新，日日新。

五、良好的人际关系是立身的根本

良好的人际关系是立身之本，更是幸福的源泉。

牛津大学的心理学研究"什么才是一个人幸福的源泉"，跟踪调查的结果显示，幸福的源泉不是炙手可热的权势，也不是无所不能的财富，而是良好的人际关系。只有拥有良好的人际关系，才能给人带来源源不断的快乐。

能力培养大于知识习得。

千金易得，人才难求。

可怜天下父母心。父母最大愿望就是望子成龙、望女成凤，希望自己的孩子成为人中龙凤，成为人才。人才人才，成人成才，最好就是成人成才。

人才无外乎就是要会做人做事，如果在会做人和会做事中二选一的话，相信大家都会毫不犹豫地选择会做人，因为会做人自然有人来帮助你做你不会的事。

智商情商双上线，天下无敌。智商高，情商低，总是怀才不遇；智商平平，情商高，总是有贵人相助。

六、心理赋能，无惧风雨

给孩子赋能，就是让孩子有一种内在的控制感、效能感、力量感与有资源的感觉，从而去达成自己理想的目标。赋能不仅让孩子学会自主地控制自己的行为，还会鼓励他积极参与到集体活动中去。

德国哲学家雅斯贝尔斯说："真正的教育是用一棵树去摇动另一棵树，用一朵云去推动另一朵云，用一颗灵魂去唤醒另一颗灵魂。"

让我们一同来保护好那只敢于做梦的"神兽"吧！

李光辉

　　珠海市实验中学教务主任，高中数学高级教师。曾荣获珠海市先进教师、珠海市名班主任、珠海市"我喜爱的老师"、珠海市 2018 年高考突出贡献教师、广东高中数学联合竞赛优秀辅导教师等荣誉称号；先后主持或参与国家级、省级、市级等多项课题，有十余篇论文在省市论文评选中获奖或发表。

因为，山就在那里
——赴西南大学研修学习感悟

2016 年 11 月 6 日至 12 日，我有幸参加由珠海市教育局组织的珠海市名班主任西南大学培训班学习。在为期六天的学习中，我深入地了解了西南大学的历史，聆听了西南大学教授或重庆市重点中小学名师做的八场有关现代教育教学前沿理论的讲座，参观了重庆王小毅老师的名师工作室，学习了重庆市名校在基础教育教学管理和新课程实施中的成功做法。六天的学习中有理论的熏陶、有思想的撞击、有案例的剖析、有现场的观摩……收获颇丰。

六天学习短暂而充实，让我在领略西南大学历史和精神的同时，也深化了自己对终身学习理念的理解。

西南大学位于重庆市北碚区，坐落于缙云山麓、嘉陵江畔，泱泱校园，宏丽庄重，气象万千，是闻名遐迩的花园式学校。开班典礼上，西南大学教育学部党委书记韩仁友教授作了西南大学历史介绍，让我们深入了解了西南大学作为教育部直属重点大学的"人杰"历史：百余年来，筚路蓝缕，玉汝于成，数代西南大学人以其弘毅坚韧、自强不息的奋斗铸就了"特立西南，学行天下"的大学精神，不断丰富着"含弘光大，继往开来"的校训内涵。学校始终以国家富强和民族振兴为己任，杏坛育人，积淀了深厚的人文底蕴。

六天的短暂学习中，我们统一聆听了"破冰活动和学习型小组建立""美育与班主任工作""走向彩虹之巅的修炼""转变教师传统工作状态的'破关五维'"等八场专题讲座。在正常学习之余，62 名学员还在西南大学教育学部负责人的安排下，利用晚上在西南大学中心图书馆参观了两个小时。授课专家们的博学多才、学贯中西、独到见解，西南大学校园学子们的奋发向上、勤学好问，让我在丰富自己学识的同时，深化了对"活到老、学到老"、必须不断给自己充电的终身学习理念的理解。

八场讲座纵横宏观与微观，让我在零距离接受专家们教诲的同时，更增强了自己作为一名教育工作者要严谨治学、乐教善施的使命感。

11 月 7 日上午，西南大学教授、教育部国培专家库首批专家夏海鹰教授作了"破冰活动和学习型小组建立"的报告。夏教授通过"握握手，好朋友""名字接龙""钥匙扣传递""小组集体 PK 游戏""小组活动"等活动，拉近学员们彼此之间的距离，展现行动力及积极热情，可以活跃气氛，打破僵局，加速学员之间的了解，尽快让学员们熟悉起来。更重要的是，培养学员的团队意识，提高学员的团队凝聚力，加速彼此间的团结与合作。事实上，在团队中，如果遇到困难或出现了问题，很多人能马上找到别人的不足，却很少发现自己的问题。这些活动将告诉大家："照顾好自己就是对团队最大的贡献。"提高学员在工作中相互配合、相互协作的能力，"统一的指挥＋所有队员共同努力"对团队的成功起着至关重要的作用。

下午，西南大学博士生导师赵伶俐教授就"美育与班主任工作"跟我们作了深入的交流。整场报告氛围诙谐、幽默、轻松，赵教授融合自身经历引出：作为班主任，我们应如何带领学生欣赏和度过美丽的人生——人生美育。正像登山者马洛里遇难前接受《纽约时报》的采访，记者问他："你为什么要攀登珠峰？"他很简单地回答："因为山在那里！"这成了后来登山者的一句名言，激励着世界无数登山者去追寻自己的梦想。事实上，"征服那座山！"本身就是最美丽、最迷人、最狂野的梦想，也是一个人能够持久不变、永不放弃的理由。人生也是这样一座山，登上它一座一座的山峰，本身就是人生的过程，是人生不能放弃的理由与过程。班主任，就是学生们面对人生这场"登山运动"的向导。班主任，不是贴身保姆、挑夫、厨子、陪太子登山的夏尔巴人，而是指引学生在享受学习、知识和生活的乐趣中成长，令其向往和坚韧地登上人生顶峰的导师。

作为班主任，我们更要为自己的心灵布景，每一次布景都是一次自我塑造的过程、一次人生登高的过程。要不断提升自己生命的宽度、厚度与高度，开拓人生的多种曲线，这样才能全面开启学生攀登曲折陡峭、丰富多彩的知识山峰和人生山峰之旅！山就在那里！知识就在那里！这就是人生"登山"最纯粹、最美丽的理由与过程！

全国知名班主任田冰冰老师的讲座"转变教师传统工作状态的'破关五维'"深得学员们喜爱。她倡导班主任由抓两头带中间转向关注每个人，强化全员发展意识；由被动抵挡到主动诊疗，提升教师调试能力；由单兵作战转向全员共育，强化教师用人意识；由简单执行到特色经营，加强教师创新意识；由猴子掰玉米到积极反思，提升教师成果意识。因此，作为班主任，我们要关注每一个学生的成长，释放他们与众不同的个性魅力，让每一个孩子有登台、出彩的机会。对于家长来讲，只要孩子站在舞台上，那就是成功！

接下来几天，重庆市教科院副院长、重庆市名师工作室主持人王纬虹教授为我们分享了名师工作室建设经验交流；西南大学学生处副处长周翱从自身工作经历阐述了中小学突发事件应急处置与舆情管理；西南大学张振改博士陈述了教育惩戒的法律依据及其实践应用；张良博士则与我们一起探讨了基于核心素养的课堂教学；西南大学附属小学教师、重庆市优秀班主任王红梅老师给我们分享了如何做一个幸福的麦田守望者……这些专家的讲座角度不同，但场场精彩。

深入学校一线参观，了解基础教育优质管理、优质实施，增添了我成长为名师的信念和信心。

培训第二天，我们研修班成员一行 62 人在早上 7 时前往渝中区大田湾小学参观重庆名师王小毅的名师工作室，观摩了工作室团队为我们上的四节课，并且参加了他们的评课活动，果然名不虚传。王小毅名师工作室成员们一个个闪亮登场，娓娓道来，营造了名师团队前所未有的研究氛围。工作室团队传递出依体而教、以学定教的阅读教学最前沿的理念，充分体现了名师团体厚实、务实的底蕴和风格。工作室团队里没有客套，有的只是研讨和交流。他们分工明确，有的负责诗歌教学，有的负责叙事性作品教学，有的负责说明性文章，有的潜心研究非连续性文本……每次评课都真实而具体，真诚而睿智。每一次对话都让大家有所感悟。

事实上，课堂是生命相遇、心灵相约的场域，是通过对话探寻真理的场所，是真正发生教育的地方。王小毅工作室把研修活动延伸到学员所在学校，深入阅读教学的现场，在实践中反思，在反思中提高。眼界决定境界，工作室还充分创造机会走出去，与名师交流，与偶像零距离，和其他名师工作室联动研修。更重要的是，工作室还经常举行读书交流分享会。在都市生活的浮躁中，还能保持一些古典的心境、一些虽经污染却还能沉静的心情去对待学习，像当年的陶渊明那样，"历览千载书，时时见遗烈"，打破当下的局限而游心于千载，去领略"书中乾坤大，笔下天地宽"的意趣，这是何等令人心旷神怡的事情！

这次培训将成为一次难忘的学习经历、一次追求成长的新起点。我收获的不仅仅是专家们讲座本身所给予的知识，更重要的是，专家们教会了我思考问题的视觉和严谨治学的精神，以及如何用这样的精神在自己的教育教学过程和管理中延伸，变成能践行这些理念的实施者。我更懂得：教育不是传授与传递，而是倾听。要学会倾听孩子们的故事，让孩子们有一种信心和信念：我因我之为我而不同凡响。在成长为更加优秀的教师的道路上，我一直在行动！

你准备好了吗？高三

高三一轮复习已经进行了一段时间，年级举行了月考。从同学们的试卷分析来看，答题还存在以下问题：语文、英语卷面不够整洁，涂改太多，做题速度慢，不会合理安排答题时间，导致所写作文质量不高；数学、物理书写和答题格式、计算能力有待提高；化学、生物审题不清，计算、识图和画图能力弱，知识点记忆不准确，无法用简练规范的语言去表达化学、生物现象；政治、历史、地理要加强审题能力和答题方法的训练，加强主干知识的记忆默写，学会结合材料进行表述。同学们做题的准确率不高，会做的题目做不对，努力的成效不显。很多同学成绩一出来，总是抱怨试卷上的题目都会但都算错。

反思一下，为什么做过的题目做不对？错的题当天订正了吗？对上课的内容是否善于做批注和点评？语文和英语的学习能否做到长期积累？各科的学习是否能做到反复滚动？对于重点内容，要重点做、反复做、做彻底（计算准确＋过程的规范书写），要有所为，有所不为。

努力的成效不同：整个人的精神风貌如何，是不是积极向上？（课间跑步下楼的速度、去教学楼的速度、是否有时间的紧迫感、上课的坐姿、上自习课的坐姿、与同学一起讨论问题是否经常面带微笑）学习习惯和集中注意力的程度如何？晚修自习课包括考试是否足够投入（内心平静，心无杂念，很少顾虑)？自己的勤奋是否具有持久性？如何面对失败？失败了是否还能坚持自己当初的梦想？自己的内心是否足够强大？

总之，随着第一轮复习的深入，我们仍需注重基础，抓好各个知识点的落实，做好错题订正、归纳总结与提炼、滚动训练与滚动复习等各个环节，这样我们才会取得自身的突破。

成绩暂时落后的同学没有理由不坚持甚至放弃，考好的学生更没有理由骄傲。所有同学都要坚强、坚持和脚踏实地！

根据这次考试的情况，给同学们的复习提以下建议：

（1）要给自己定好位：上重本还是上本科。每年都有很多黑马，要有信心自己会成为2021年高考的黑马。高考是按照物理类和历史类分开录取的，考上自己理想的大学靠的是等级赋分后的总分和全省排名。所以每位学生的目标是要远远超过高优线或本科线。

（2）结合自己的定位及自身实际情况做好规划，定大目标和小目标。要对自己严格要求，做好各项常规事务。在学习态度方面，尽力完成各科作业；早中晚到班时间要早，做到早睡早起；遵守宿舍就寝纪律，个别学生回宿舍和离开宿舍有些晚；走读的学生整体习惯很不好，要对自己严格要求，远离手机。可喜的现象：很多学生很勤奋，早睡早起，中午放学离开教室很晚。

（3）注重课堂效率：就算听不懂也要硬着头皮听，坚持终将遇见更好的自己，成功就在下一秒。平时要多问问题，做到主动学习。

（4）晚修和自习课要让自己静下心来：不讨论、不随意走动，不提前离开教室，能坐得住。我觉得能坐得住的同学一般会相当优秀，因为这是一种状态的延续，是稳重的呈现。也只有这样，我们在晚修期间才能做到真正投入，考试期间才能做到从容、淡定、灵活。不要顾虑太多、不要犹豫，因为做永远比想来得更为直接、更为有效！注重每次测试和大型考试，要力争得分，提高做题的准确率、速度、灵活度，保持良好的心态（从容不紧张），选择适合自己的做题顺序（摸索）。

（5）现在的任务：夯实基础，稳步推进第一轮复习。

（6）如何夯实基础？平时应该怎么做？如遇到困难和困惑要怎么做？

（7）如何保证第一轮复习的有效性？充分利用好第一轮复习资料，抓基础和常见考点，用红笔做好标注。高三的学习不能急于求成，要一步一个脚印，我每天的任务就是解决问题。要一个问题一个问题解决，这样每天才能更加充实，一直进步。

（8）要对自己有信心。信心从何而来？来自自己不懈的奋斗，来自自己对梦想的坚持、倔强、不放弃和咬定青山不放松的气概。只要时间在，希望就在！给自己创造一个令自己感动的高三生活，成为一个有梦想而且不断追逐梦想的学生，而不是一个对什么事情都无所谓的学生。

（9）要锤炼好自己的内心，让内心足够强大。要相信奋斗、坚持和信念的力量。很多学生在面对困难时选择放弃，从而产生焦虑、憔悴等现象。若无所适从，不知该从何下手，要主动找班主任谈心，寻求帮助。学会自我调节，减少顾虑。

（10）没有轻易的成功，要善于坚持。如果随便一努力就有所进步，那就失去了奋斗及内心强大的价值。我们要向前看，争取让自己一次比一次进步。

（11）我们除了要重视选考科目的训练外，还要重视语文和英语的学习，特别是物理类学生。事实上，优生之间的差别就在语文和英语上。历史类学生要花时间在数学上，肯下苦功夫。

（12）要相信团队的力量：成立班级、宿舍、互帮互助小组。为了理想而共同奋斗。

因为相信，所以看见!

在浩瀚无垠的宇宙中，在短短的一生里，我们要鼓起勇气做想做的事，去想去的远方，成为想成为的那个自己。但前提是，你要敢于挑战自己，看看能不能突破自己，将高考这件事给做成、做好。相信你今天的努力，一定会化为明天前行的动力。加油，高三的少年们!

充满激情，拥抱高三

同学们，大家好！

从昨天到今天看到的一些事情令我欣喜，昨天所有班级在 7 点前就早早地整理好教室并安静下来了。黑板上写着六个字"高三，我们来了"，在这种氛围的感召下，班级非常安静，同学们都在认真地预习第二天的新课。今天早上 7 点，整个校园就没有什么人了，同学们都早早地起床用完早餐后在教室早读自习了，而我走到二楼时，二楼的五个班级在自发地打扫卫生，整个教室窗明几净。这些更加使我有信心和大家一道为了自己的理想去拼搏一年，赢得明天。

同学们，进入高三，高考已经不再是遥远的事情，无论你是否能意识到，无论你是否在学习状态，高考都在悄悄地逼近你。请大家从现在开始，把轨道切入高三，进入高三、适应高三，从心理到行动，完成角色上的转换。刚迈入高三的你们，一定会感受到高三紧张的气氛，你们的思想会出现很大的波动，你们可能会存在以下几种状态，请同学们自我对照，及时调整。

1. 迷茫

大哲学家尼采说："人需要一个目标，人宁可追求虚无，也不能无所追求。"

只有目标明确，我们才会拥有希望和执着，任何时候都要看准这个目标，用它来激励自己，让它作为一种永远的动力。为目标去奋斗的路上你并不觉得疲累，所以请你继续追赶。这个目标可以是一个城市、一所学校、一个人，或者是一个梦想。总之你需要它来鞭策你成为更好的自己。在逐渐缩小距离的同时，再辛苦也觉得值得，不是吗？

目标既要有恒定性，又要有渐进性。要制定清楚哪些是长期目标，哪些是短期目标。我想去哪所大学？每次考试我准备进步多少名？同学们，你们要知道，长期而远大的目标就是靠一个个短期目标的实现而逐步实现的。天下之难事必作于易，天下之大事必作于细。

2. 焦虑

许多的考试、挫折与失败；对自己过去学习的不满意、后悔；迫切地想改变目前的状态，却不知道从何处做起；当苦拼过一段时间后，考试成绩依旧，觉得付出了努力却收效甚微，觉得生活欺骗了你；看到父母脸上的担忧与关注，就会内疚、有负罪感等，导致许多同学整天紧张兮兮、烦恼不安、焦虑、浮躁。

我先给同学们讲一个《猴子为什么没变成人》的故事吧。猴子想变成人，它知道要想变成人，一定要砍掉自己的尾巴，因为人没有尾巴。于是猴子拿起刀，决定动手砍掉尾巴，但动手之前，猴子被三件事困扰住了：

（1）砍尾巴的时候会不会很疼？

（2）尾巴砍了以后身体还能不能保持平衡？能不能保持灵活？能不能活得长久？

（3）尾巴一生下来就和自己在一起，跟了自己很多年，不忍心抛弃它。自己能适应没有尾巴的生活吗？

这个故事告诉我们：蜕变和完美需要痛苦的挣扎，恐惧和顾虑太多是前进的大忌。在破茧而出的前一刻，蝴蝶将经历毕生最大的痛苦和孤寂，只有那些能忍受到最后不放弃的，才能最终领略朝阳和甘露的美好，才能享受翩翩而飞的美妙。同学们要想突破自我，实现质的飞跃，必须先彻底斩断自己的"尾巴"！

高三学生应该是这样的：

1. 能持之以恒

懂得"坚持的魅力在于能遇见更好的自己"。法国谜语"荷花塘之谜"，是一道数学推理题，它是这样说的：如果池塘中有一朵荷花，荷花的数量每天增加两倍，30 天后就会占满整个荷塘，那么第 28 天的时候荷花占据了多大面积的荷塘？我们可以算出来：从四分之一面积扩大到整个面积需要两天，即第 28 天，荷花会占据四分之一面积的荷塘。

题目很简单，但它背后蕴含的道理不简单。对每一朵荷花而言，它们的变化速度是一样的，在第 29 天到来之前，它们费心尽力也只完成目标的四分之一，而最后的两天却如有神助。

这就是我们常说的"量变引起质变"。量变的积累过程是艰苦、缓慢的，要学会持之以恒、循序渐进，千万别奢望一步登天。越是接近顶峰，就越是困难重重；越是到了高三，学习就越不容易。当到了最困难的时候，也就离成功不远了。第 29 天也许是最困难的时候，但也是离成功最近的时候，只有努力坚持，才能迎来荷花满塘。我们在紧张的备考中，要胸怀自己的目标，凭着每日细小的进步和成功去创造高考的辉煌，驽马十驾，功在不舍；行百里者半九十。我们需谨记：不要输在第 29 天。

2. 要讲方法、信老师

学习本身是一门学问，有方法可找，有规律可循。经过摸爬滚打，探索思考，总结经验，不断探求正确的方法。每天按照计划去做，要始终严格要求自己，把规范当作一种习惯。要重视细节，最忌眼高手低，一看就会，一做就错。所以同学们一定要紧跟老师，按照老师要求一步步地复习，只有自己的方法和学习细节与老师保持一致，才能最大化地获得知识，这是高三复习的制胜法宝。

3. 宁静才能致远

高三是宁静而寂寞的，因为少了欢声笑语，少了悠闲、逍遥和惬意，环境的安静恰是我们读书所必需的，内心的宁静更是读书的最高境界。更何况这种寂寞与安宁又是相对而言的。在别人眼里，你也许是寂寞的，但你身处其中，自有别人看不到的风景：也就是高三常说的"沉得下身、静得下心"。所以高三的自习课和晚修是所有学习时段中最重要的，是我们回顾整理一天学习所得的过程，在此，建议全体同学共同营造良好的自习环境，真正做到不为外事所动，自心只在书本中。如果你能静下心来完全投入学习中，你会过得很充实，而且每天都会有很大的收获。

4. 常总结与反思

高三不仅仅是题海战术和埋头做题，更应该重视对知识点进行总结与反思，在不断的总结与反思中建立自己的知识体系，这样才能将老师所讲转化为自己独特的理解。所以，同学们高三复习不能只顾听课、做题，应该每天拿出一小段时间静思，闭眼冥想，回顾今天老师讲课的闪光点和自己做题的所得。这就需要大家善于利用零碎的时间，管控好早中晚三个时间点的到班时间，让自己成为班级来得最早的学生之一。另外，每科要准备一本记录本，将自己平时的总结和反思记录下来，哪怕是突然的灵光一闪，方便日后翻阅，这就是积累。学习就是一个不断积累、不断将别人的观点转化为己有的过程！

当然，高三的学习不是一句话几个经验所能讲清楚的，老师会在后面的教学中不断地渗透。

5. 要对自己有信心

拿破仑说过："在我的字典里没有'不可能'这三个字。"这是强者的风范，是自信而不自负、自豪而不自大的风范。高三就是亮剑的时刻。敢于亮剑、出剑必胜都是强大自信心的体现。不管你现在的基础怎么样，都要不断地暗示自己"我能行，我一定行"。只有这样，你才会有不竭的动力。阻碍你们前进的不是身后几十万考生，而是你们自己，你们要耐得住寂寞，控制住自己的情感，经得起高三的曲折，在未来的日子里请不要轻言放弃。你难免会有失败的时候，因为不只你一个人在努力，但请你相信付出一定会有回报，要记得跌跌撞撞才是生活，要把每一次的失败当成下一次成功的路基，一定要坚持。当然你也会取得一些进步，但请你不要放松，因为你放慢了脚步而别人不会。你进步的原因是你之前落下了很多，所以别人在走的时候你需要跑，别人跑起来的时候你就要加速。你没有资本去骄傲。

最后，我代表高三全体教师表态：在未来的三百个日日夜夜里，我们全体高三老师将继续精诚团结，通力合作，竭尽全力，刻苦钻研，潜心备课。我们会更加严谨地治学，关注高考动态，关爱每一位学生，力争以最大的付出，换取六月的收获。

高三是激情燃烧的岁月，同学们，在这追梦的道路上，让我们携起手来，共同用汗水和智慧书写属于你们自己的辉煌。正确看待高三的每一次测验与练习，无论成功与否，它都是你的一块垫脚石，是你通向成功的阶梯。

高三，你好！

同学们，大家好！

七月份我们还称大家为"准高三学生"，从昨天晚上开始，我们就已经是真正的高三人了。高三人就要有高三人的习惯、状态、精气神和具体的行动。

同学们，进入高三，高考已经不再是遥远的事情，无论你是否意识到，无论你是否在学习状态，高考都在悄悄地逼近你。请大家从现在开始，把轨道切入高三、进入高三、适应高三，从心理到行动，完成角色上的转换。

一、高三是什么

高三，首先是一种精神、一种状态。

什么是高三精神，曾经在某个高三的教室内，挂着一张标语，上面写道："特别能吃苦，特别能忍耐，特别有信心，特别有志气，特别有作为。"（敢于竞争、善于转化）这是历届高三精神的真实写照。

不可想象，一个没有理想、没有志气的人，会有所作为；一个没有强大动力作支撑的人，能谈得上吃苦；一个没有坚韧意志品质的人，能在"人生极处是精神"的拼杀中到达成功的彼岸，体会到苦中之乐的人生真味。因此，以咬定青山之志鼓足信念的风帆，以饱满的精神、激昂的斗志、强烈的渴望、刻不容缓和只争朝夕的锐气投入拼杀，是老师对同学们的殷切期望。

高三是一座山，高三是一场修炼，高三是独特的记忆。高三远不是题海和考试的代名词。学业上的拼搏并不是孤立的，它伴随着心智的成长，走向成熟的巨大变化，值得一生铭记。高三是一种情结，你将无法忘怀那些青灯苦读、书海撷粹的日子，也无法忘怀那充满悸动和理想的青葱岁月。上了大学才开始发现原来那时候最不寂寞。很多往事也只有在一年以后再回味，才不会那么苦涩。高三是一种符号，当你跨进高三的教室，就已经被赋予了太多的希望与期待！

进入高三，免不了有许多的考试，免不了有许多的挫折与失败。当成绩不如别人而想到前景叵测，当苦拼过一段时间后考试成绩依旧，当看到父母脸上的担忧与关注，许多人都会感到焦虑、浮躁，变得不自信，对自己的能力产生怀疑，甚至选择放弃，自己扳倒自己。

面对挫折，选择放弃还是坚定不移地继续前行，取决于你对成功的向往，取决于你对信念的执着与顽强的意志品质。这需要从生活中的点滴做起，勇敢地剔除习惯中一切的不和谐音符。因此，一个成功的高三，一个"一百次摔倒一百零一次爬起来"的高三，着实让人回味，让人向往，让人热血沸腾。

所有真正体悟过高三的人都会有一个共同的感觉：高三真好！一位拼过高三而终于跨入理想大学的学子在他一篇《梦回高三》的文章中深情地写道："唯有大苦，方能大乐，高三乃是大苦与大乐的最佳结合。高三促成了一次真正意义上的长大，无论是身体，还是思想，都有了一个飞跃。失去了高三，生命就失去了一份成熟；而把握住了高三，就把握住了整个的人生。"

二、如何有效度过高三

人能走多远，这话不是要问双脚，而是要问志向；人能攀多高，这事不是要问双手，而是要问意志。于是，我们要用青春的热血，给自己树起一个高远的目标，不仅是为了争取一种光荣，更是为了追求一种境界。目标实现了，便是光荣；目标没实现，人生也会因这一路风雨跋涉而变得丰富又充实。

很多同学存在顾虑：我对自己的要求很高，总觉得自己与理想之间存在很大的差距，怎么办？

我觉得，人总是会改变的。你可以在高三期间给自己一些计划和安排，比如每个月、每周或者每一天，去达成一些目标，不断地尝试和锻造，你就会成为一个非常不同的人。如果看不清接下来的方向，就记住当前最重要的是什么，去做就好了。我们要做一个明确的行动派，无论是知识还是学习，必须付诸行动！

理想永远是理想，现实永远是现实，理想不要迁就现实，只有真正面对现实的人，才有机会成就理想。大家可以试一下把手举起来，你发现了什么？人的高度不是思想决定的，而是双手决定的。进入高三，你是否可以面对事实，接受挑战，想办法取得一定的成效，这在我看来也是心性成长的一部分。

在这里，我要送给同学们"四自"箴言，希望它能成为你们高考征途中的智慧锦囊。

第一，要勇于自信。毛主席说："自信人生二百年，会当水击三千里。"自信是取得进步的精神支柱，高三学生就要有"我能成功，我必成功"的坚定信心，要有"别人行，我更行"的豪迈志气。自信者，重荷不摧，自天佑之。在未来的日子里，不管遇到什么困难，不管遭受什么挫折，不管成绩优劣，我们都要以自信的态度正确对待，从困难中获得动力，从挫折中取得经验，从考试中发现问题，从失误中找准方向。自信能帮助我们从容地面对高考压力，把压力踩在脚下，将其变成铺路石，变成我们笑傲高考的筹码。

第二，要勤于自省。没有时刻的自省，就没有真正的自信。学习进步就是自我反思、自我分析、总结提高的过程。深度的思考远远胜过盲目的勤奋。所以，在每天忙碌的学习生活之余，我们需要认真反思一下：我们是否真的了解自己的学习情况？你的弱科是什么，强科是什么？你强科中的薄弱之处是什么？你目前的学习中存在哪些问题？有哪些问题是最急需解决的？……我的目标是多少分？需要怎么弥补？这些你都需要清楚，我们的努力一定要用对方法，找准方向，才算是真正的勤奋。这就需要你不断地进行自我反省、总结经验教训。

第三，要严于自律。作为00后，你们的复习备考有着更优越的条件和更丰富的资源，但也面临着更多的诱惑和挑战。电子产品的泛滥、手机游戏的触手可及，每一样都在争抢你们的注意力，蚕食你们宝贵的时间和精力。所以，对于高三学生来说，自律能力尤为重要。自律就是要拒绝手机的诱惑、游戏的诱惑，拒绝一切看起来舒适潇洒的诱惑。课桌才是青春的战场，真正让人成长的选择都不会太舒服，希望你们远离幼稚的闲谈打闹，远离懵懂的儿女情长，远离毫无意义的"王者荣耀"。你今天"荣耀"了，换来的可能是一生的卑微！

第四，要善于自主。自主学习，需要你有明确的学习目标和学习进度，不是漫无目的、随波逐流；自主学习，需要你有思考能力，主动解决问题、攻克疑难问题，不是课堂等着学、课下挑着学；自主学习，需要你懂得顺势而为、抓大抓重，该听讲时全神贯注、有疑惑时一追到底；自主学习，需要你在紧跟老师复习节奏的同时，制订属于自己的磨尖补弱计划。自主学习不是自以为是，更不是放弃课堂，浪费时间的自学，自己搞自己的一套。因此，唯有自主，方能自强。

同学们，你们并不是孤军奋战。未来的三百天，你们有学校的亲切关怀，有父母的后勤保障，更有老师们的朝夕相伴、风雨同行。我代表高三全体教师表态：在未来的三百个日日夜夜里，我们全体高三教师会继续发扬团队精神，增强研究高考意识，汲取集体智慧，高效推进复习教学。

云程发轫，干霄凌云。同学们，高三伴着蓝天旭日如约而至，让我们带着必胜的信心、不懈的努力、坚韧的毅力，共赴奋斗之约！我们要带着不服输的勇气和心中不轻易磨灭的光，乘风破浪。在未来的征途中，希望我们实验学子都能眼里有光、心中有梦，在青春奋斗中成为最好的自己！

何雪青

　　珠海市实验中学高级教师，曾荣获珠海市优秀教师、珠海市高考突出贡献教师、广东省生物竞赛优秀辅导员等荣誉称号，曾获珠海市优质课一等奖，有9年班主任工作经验，多次荣获校优秀班主任、校优秀教师等光荣称号。

家访心得
——家校合作方式的创新实践

十月份的第一次段考成绩出来以后，根据学校要求，也为了更好地了解我班孩子在家的表现情况，为今后的教学以及班级管理做更充足的铺垫，制订更有针对性的施教方案，我萌生了走访全班所有本地孩子家庭的想法。

"这太大胆了！""不可能完成的！"

我知道这是一个疯狂的念头。平日连轴转的工作几乎已经让我完全没有了空间。可是，我还是想尝试一下，做难事必有所得。九班是创新班，我们教育孩子去拼搏，去逼出一个不一样的自己，去看看自己到底有多少的潜能。身为人师的我也应该去拼一拼，只为了跟孩子们感同身受，为了创新与孩子们未来的无限可能。

我将想法跟家委会初步沟通后，大家积极地支持我去执行计划，同时也提出了一个疑问：如果有的家庭因为各种原因，比如出差在外、工作繁忙、距离遥远等，不方便接受家访，怎么办？于是，家委会在班级群开展了一个问卷调查，列出自己的家庭住址、合适时间以及家访意愿。调查结果很快就出来了，家委会根据各家庭的居住区域、空闲时间和最优化的线路，给我拟订了一个可执行的方案。

我同时准备着全班孩子段考的成绩汇总、在校的学习情况、思想情况、各任课老师对孩子表现的反馈以及综合表现。获悉班上有三位家长表示无家访意愿。结合这三位孩子的成绩以及平时表现，我决定首先走访这些家庭。这些家庭有的是单亲家庭，有的距离过远，有的经济条件稍微欠缺。家庭的成长环境影响着孩子的性格，如何提升孩子的积极性、主动性，使他们更好地融入团队，我把它记录下来，成为我的班主任工作日志。

兴趣是最好的老师，偏科却会让人走入歧途。有些家长的教育观念、兴趣爱好潜移默化地影响着孩子。我们班有个孩子智商超群，父母的文化程度都比较高，孩子对数学科目有着狂热的兴趣，研究的内容也早已超过高中考试要求，但是对其他科目难以兼顾。在与家长的沟通中，我首先肯定孩子的学习能力，但还是建议孩子需要养成正确的学习习惯，对于非兴趣科目，让孩子设定一个目标，循序渐进，遇到困难不退缩。家长也意识到任其发展是不行的，高中阶段已经是人生的关键时期。虽然认识到问题的紧迫性，但促进孩子全面发展不能一蹴而就，我们需要的是积极的鼓励与持续的关注。

手机对于部分孩子就像精神鸦片，欲罢不能。高一本来课程就多，周末短暂的休息反而吸走了孩子原本蓬勃的精神状态。这已经是各级学校的普遍现象了，我班也不例外。其中原因，有的说是学生在校学习压力太大，有的说是信息时代应有的产物，不必过于焦虑。结合我班具体情况：在校还未发现有孩子携带智能手机，我想这得益于学校的严格管理，将问题扑灭在火苗上。网络世界里，成人都难以抵制诱惑，何况是青春时期的孩子。周末孩子回家后，家长也应该以身作则，少玩手机，多关注孩子、陪伴孩子，让孩子周日返校后不是疲于赶作业，而是更合理地安排时间，复习重点难点，预习新课。

通过本次家访，我比较深入地了解了孩子的家庭环境、家庭教育情况，以及家长对孩子、学校和老师的期望。毫无疑问，面对面的沟通进一步缩短了我们与家长之间的距离。有的家长提出了一些合理的意见和建议，为我们今后的教学和管理明确了改善、细化的空间。孩子们渴望知识、未来可期的目光背后，有着一个个家庭美好的愿望。我更加感觉到了学为人师、行为示范的重责，能与有着锦绣前程的孩子们同行，我绝不懈怠！

经验回顾：

（1）周密做好计划。积极发挥家委会的优势，请他们协助提前与家长沟通，周密安排家访对象和时间，以居住片区为单元尽可能地优化路线，让家访行程顺畅高效。家访一般在周末开展，平时也可以挤时间家访，例如下午放学后，可以去访问居住在校园附近的家庭。

（2）预先做好准备。家访前，既要对学生在校的学习、生活、交友、心理等情况预先熟悉，做到心中有数，也要对所访学生的家庭状况做一个大致的了解。因为家庭状况直接影响学生的思想、学习和生活，教师了解学生家庭具体状况更有助于提高家访工作的针对性。

（3）全面了解情况。通过家访，全面了解受访学生及其家庭，了解孩子在家的学习、运动、交友、亲子关系、使用电子产品的时间、是否参加课外辅导班等情况，为后面的教育教学工作打下坚实的基础。通过家访，与学生家长建立沟通渠道，深入了解家长的想法，解除家长对学校教育工作的疑惑和不解。通过家访，广泛听取社会对学校教育教学的意见和推荐，并及时反馈。

（4）用好家访成果。家访后，综合对学生的新认识和家长对孩子的期盼，找到更适合每个孩子的教育路径，通过家校的合力，帮助学生们科学认知自己，激发学习原动力，引导学生朝着既定的目标努力，进一步影响学生、改变学生。

不要吝啬你的赞美

学生的茁壮成长是父母和老师共同合作、科学管理、辛勤培育的结果。家校合作非常重要，能形成教育合力，促进学生健康成长。家校合作需要沟通，沟通离不开对家长的夸赞，好家长是夸出来的。

家校形成合力，教育效果才可能是加法，才能取得最好的教学效果。家校合作需要沟通，沟通离不开对家长的夸赞，要夸在生活细节中、夸在矛盾处理时、夸在学期家长会上、夸在通信平台中。

一、夸在生活细节中

所谓细节，是一个人受教育后沉淀下来的行为习惯，体现了一个人的基本素养。记得刚开学第一次开家长会，学校让家长在大礼堂上聆听专家的讲座。家长们专心听，认真记笔记。听完讲座，回到班级，我就当众表扬了家长没有接打电话，而是认真记笔记。赞扬全体家长素质高、习惯好，明确表示了对带好这个班级的信心，以及对今后家校工作配合的期待。这样的开场白一下子拉近了家长和班主任的距离。对于刚把孩子送我们这所示范性高中的家长来说，他们非常关注自己的宝贝会遇到什么样的老师。我的这一举动，让家长知道我善于观察、不吝啬表扬，是一个关注细节的老师，对我充满信心。班主任工作事无巨细、纷繁复杂、千头万绪，靠自己绝对是孤掌难鸣。布置班级，孩子父母齐上阵；庆祝活动，孩子与家长群策群力……所以对家长，不要吝惜你的赞美。如果我们的工作取得了家长的协助，那才是最完美的教育，才能保证最佳教育效果。

二、夸在矛盾处理时

来自不同家庭的孩子有的好强，有的懦弱，有的调皮，有的文静，有的冲动，有的稳重……这些个性鲜明的孩子天天凑在一起，免不了磕磕碰碰，没有绝对的谁是谁非。在处理这类问题时，光有耐心、细致是不够的。在解决学生矛盾的时候，顾及家长的面子、尊重家长的感受，有利于教师和家长形成合力，共同完成对学生的教育。一天早上，年级值班老师告诉我，我班里有一名学生昨晚被几个高年级的学生打了，昨晚家长就把孩子接走了，让我安抚家长。我赶紧给家长打电话，家长很生气，说了很多气话，例如不能让孩子白挨打，学校不给说法，他们肯定不愿意，大不了以恶还恶。我耐心听着家长各种激动的诉说，听完之后，我开始跟家长交流：第一，承认我们学校高年级学生犯的错误，是我们教育学生的失职，打人的孩子一定会受到学校相应制度的惩罚；第二，再三感谢家长昨晚没有冲动，没有出手教训那几个高年级学生，让问题复杂化；第三，站在他的角度表示了对孩子的担心；第四，夸他是个明事理的家长，素质高；第五，夸他孩子上课认真、书写美观、很讲义气……一番话下来，家长说话的语气慢慢缓和下来，和我聊起了家常，谈起孩子的不足，明确要改进的地方。最后整件事情结束后，家长还亲自到我办公室满怀歉意地说："何老师，真不好意思，给你添麻烦了。"在跟家长的交谈中，我肯定了孩子正确的一面，并指出孩子处理问题的方式还需要家长和老师加强引导。

三、夸在学期家长会上

不要吝惜赞美，赞美的作用远远大于批评指责。教师与家长沟通时，也要善于赞美家长，用赞美打开家长的心扉，这会使家长很乐意与教师结为联盟，形成一种强大的教育合力，协助教育教学工作。家长会影响面广、带动性强，赞美主要安排在家长会上。每学期一次的家长会上，我总要表扬一大批的孩子：上课认真听讲的、积极发言的、善于思考的、书写美观的、热爱阅读的、热爱劳动的、拾金不昧的、助人为乐的……多一把尺子，就多一批好学生；多一批好学生，就多一批好家长。每个家长都会为之深深感动，家校之间的沟通也就变得更加和谐有效。

四、夸在通信平台中

家长会毕竟一个学期才开一次。日常沟通除了必要时的电话外，主要途径还是微信。从孩子们入学开始，就组建了班级微信群，最初是为了发送通知、布置作业，后来就常用于宣传班级，如感谢家长在集体生日活动中帮忙购买蛋糕、布置教室等，公布作业优秀的学生名单，表扬进步学生，祝贺参加比赛获奖……把微信充分利用起来，作为宣传班级班风、学风、表彰先进的阵地。而且，有了微信，更方便与家长沟通交流了，让家长与孩子们共同分享成功的喜悦，增强班级的凝聚力。通过通信平台的交流，让家长了解学校的教育动态，从心理上接受教师，以实际行动配合教师的工作，用实际行动影响孩子的行为，成为孩子的楷模，成为学校的编外教师。

五、结束语

教育家马卡连柯说，"从最广义的教育来说，它是一个社会的过程。所有的人，所有的事物和现象，都在教育着儿童，但其中最重要的是人，在人当中，父母和老师占首要的地位"。教师与家长沟通的方式有千种万种，要想与家长拧成一股绳，就要掌握与家长沟通的技巧，拥有共同的关注、共同的期盼、共同的守望，才能达到沟通零距离的境界。

陪伴与坚守，用"心"出发

——浅谈高中生考试后的谈心

高三孩子的学习压力很大，特别是每次模考之后，孩子们的内心波动很大，这时候班主任的陪伴与坚守显得尤为重要。班主任的重点工作是与学生谈心，以促进不同层次学生进步，提高本科率。浅谈谈心工作好的做法以及陪伴工作的一些心得。

一、谈心工作心得

（一）一张胶凳拉进我和孩子之间的距离

首先，作为班主任，在每次找学生聊天之前，我们必须做好充分的准备——一张胶凳、班级总成绩单、各科的小题分、学生几次考试的成绩条。学生来办公室找我谈心，我一般都会让学生坐下来，这样一方面可以消除一些学生的紧张急躁，谈话比较轻松，学生听得会更用心些。另一方面也反映出老师平易近人，让学生愿意跟你谈心，让学生感觉谈心很轻松，就像聊天，学生就会由被动谈心变为主动谈心。

（二）一段柔和的开场白

其次，我们聊天的开场白一般都是比较柔和的：你觉得你这次考试考得怎样？自己感觉满意吗？哪门课程考得不好？原因是什么？能否跟我讲讲你下一步的打算以及目标？你觉得在最近的学习中有没有需要班主任帮助的地方？基本上都是我提问，他回答，我再给他提一些建议，让他根据自身的特点去尝试。与一个学生谈十几二十分钟，我基本很少批评学生，只是给他们指出错误让他们去改正。聊完之后，学生觉得老师找他谈心不是一种负担，都比较愿意跟我谈心，思想工作做起来也比较顺畅。高三学生，一般心理压力都比较大，这种谈心我觉得比较可行。

（三）特例的谈心，从"心"出发

最后，我想讲一个谈心的特例，如一直对班主任和老师有抵触心理的孩子。你最开始跟他谈心，他是很不屑的，也就是说，他心里根本不认可你。对于这样的孩子，你要多跟他家长联系，了解情况后对症下药，找突破口。与这样的孩子谈心，我会找特殊的节日或者孩子的生日，并且备一份礼物，让他感受到温暖，消除他内心对你的排斥感，下一步的促进学习的思想工作就比较好做。这个方法我试过好几次，都比较好用，我已用此方法让班里好些"刺头""改邪归正"了。

班主任在谈心中最重要的是鼓动，虽然只是一些只言片语的鼓励和举手之劳的扶助，但都会化作学生无穷的信心和力量的源泉。如果说学生是航行学海中的帆，那么班主任就是鼓帆的风；如果说学生是行驶在书山上的车，那么班主任就是征途上的加油站。

二、陪伴工作心得

班主任是最小的主任，其小而不可缺。今年过年，班里有一个很淘气的男生，他发了一条微信给我拜年："何老师，春节快乐！我祝您在新的一年里，健健康康，家庭幸福，谢谢您对我们班的付出，谢谢您对我们的陪伴。正因为有您陪着，我内心才能如此安定，冲刺自己目标。我在您的身上看到了勤劳、善良，您是一位好班主任。"看完后我心里很感动，学生认可了我的付出，一切都值得了。我陪着他们快三年了，每天早上七点的早读，中午两点七分的午读，有时候晚修的定期检查，他们由开始的不适应，到最后对我的认可，都是在一点一滴中积累起来的。高三学生受到父母和老师的压力，受到一次次模拟考试的打击，内心非常脆弱，容易引发各种心理疾病。特别是一轮复习就要结束，成绩没有多大进步或者基础比较弱的学生容易出现失眠、情绪不稳、易怒、急躁等心理症状，实际上这都是学生"不适应"或缺乏"心理准备"等造成的一种心理障碍。

如果班主任能陪伴在他们身边，察言观色，随时了解情况，采取应急措施，孩子们的内心就能获得宁静，宁静以致远。在陪伴方面，我一般每天早上七点左右会到班里，从他们一天的早读开始陪伴，午休之后的午读我也会在两点五分到班里迎接孩子们。我以身作则，希望能影响孩子们，使其拥有勤劳、努力、认真、天道酬勤的优良品质，这在以后也许比我们教给他知识对他们更有用。

　　两会第一天，教育部部长在回答记者提问时说，"让教师成为让人羡慕的职业"。我也想说，也许某一天班主任也会成为人人羡慕的主任，多年后您桃李满天下，您带的学生能够很好地记得您、尊重您，远远比物质和地位上取得的成就更让人羡慕、更长远。

总有一束光会照进孩子的心里

——浅谈如何转化"后进生"

使每个学生都得到进步，是社会的要求。在几年的班主任工作中，我感觉其中关键就是做好"后进生"工作，以下几种方法还是非常有效的。

案例1：

廖同学，男，珠海市实验中学2018届高三（15）班毕业生。该生家庭条件比较优越，父亲是公务员，家人对他的期望比较高。他却不遂人愿，不爱学习，成绩很差，排名全年级倒数，班里同学都比较孤立他。他爱好运动，特别喜欢打篮球，却因贪玩经常不交作业，有时为了打球迟到、旷课，甚至与科任老师发生口角。身为家中独子，他很受宠爱，亲子关系却不好，与父母矛盾很深，因学习问题多次与父亲争吵，父母为他的将来很是头疼，他自己也是自暴自弃。

经过深入的教学观察，我发现廖同学行为的主要表现是：对学习兴趣不浓，学习习惯不好；不善与人沟通，处理不好人际关系；行为养成差，缺乏恒心和毅力。经过几次深入平等的谈心交心，我又了解到，廖同学身受学业和家庭的双重压力，不知如何排解，又感到同学的孤立和家人的不理解，只好找关系好的几个球友打球，寻求暂时的价值感和快乐，甚至做出种种大家抵触的行为。越是逃避，越是影响学习，恶性循环，问题不断，是典型的青春期心理叛逆问题。

找准了病根，就好对症下药。作为班主任，我不仅主动给予他相应的帮助和心理疏导，还发动科任老师和同学们共同做工作，促使他在心理上能逐步健康发展，成绩能不断提高，潜质能不断加强。

一是树立人生目标。针对他不爱学习的问题，我多次与他谈心，让他明白作为学生只有好好学习，才能有更大的发展空间，才能实现自己的人生价值，成为自己想成为的那个人。青春是用来奋斗的，此时不搏何时搏？

二是家庭学校共育。深入与家庭沟通，与他的父母共同分析孩子存在的问题，多在养成良好习惯上下功夫，而不是单纯以分数来衡量孩子的成绩，既有效改善了亲子关系，也促进了孩子健康成长。学校方面，引导同学关注他、接纳他，群众的力量是无穷的，通过同学的关心和爱护，帮助他在群众中找回自我，学会交往。还充分发挥他爱打篮球的特长，让他在班级的篮球友谊赛中当领队，既为班级比赛争得荣誉，也使其赢得了同学的青睐与赞扬。

三是建立学习互助。让他与班里学习好的同学组成学习互助小组，帮助他树立学习目标，制订学习计划，通过先进带后进，养成良好的学习习惯。

四是经常谈心督促。给予他充分的尊重和信任，正确看待"反复"。两年多来，始终不抛弃、不放弃，耐心地帮助他成长，鼓励他每一次小小的进步。

经过两年多师生的共同努力，这个男孩的进步出人意料。第一学年，他改掉了坏毛病，遵守纪律，团结同学。第二学年，他养成了良好的习惯，虽然成绩还是不好，但更有恒心和毅力了。在班级管理和体育锻炼上发挥了很大的作用，个人还取得了全校跳高比赛第一名。直到高三，因持之以恒的学习和不厌其烦的刷题，他终于在高考时考出了意想不到的成绩，超本科线30多分，考入广州白云学院，彻底甩掉了"年级差生"的帽子。然而，最重要的是他养成了良好的学习习惯，坚持不懈地追求。目前，在大学他依然学习勤奋，正在积极筹备考研。我相信，他的未来一定会更美好。

感悟：每个孩子都是一颗花的种子，只不过每个人的花期不同。有的花一开始就会很灿烂地绽放，有的花需要漫长的等待。不要看着别人的花怒放了，自己的那朵还没动静就着急，要相信是花都有自己的花期。细心地呵护自己的花，慢慢地看着他（她）长大，陪着他（她）沐浴阳光风雨，何尝不是一种幸福。也许你的种子永远不会开花，因为他是参天大树！育人何尝不是如此呢？作为老师，我们就是要不抛弃、不放弃，培养学生良好习惯比成绩更重要！静待花开的日子是漫长的，我们一定会耐心地走下去！

案例2：

关同学，男，新疆籍学生，珠海市实验中学2018届高三（15）班毕业生。这名学生自幼母亲去世，与父亲一起生活。家里经济条件一般，父亲经常忙于工作，无暇顾及他，对他的教育、生活等方面都不够重视。由于家庭原因，该学生性情暴躁，易冲动，极为敏感，一有风吹草动，他就认为是有人在针对他，甚至动手打人，因而与同学之间的关系并不好，人际交往存在较严重的障碍。但他内心又渴望得到关注，渴望得到温暖，偷偷地谈了恋爱。学习成绩中等，但常常质疑一切，对老师的安排非暴力不合作，谁的话也不听，谁也不相信。

我知道单亲家庭孩子是一个特殊的群体，他们每个人身上都有很多故事，只有当老师给予这些学生以亲近感、信任感，让他们感受到老师对他们的关注，他们才会理解老师的一番苦心，才能真正愿意接受老师的教导。

我也是从新疆来的，很能理解他们只身一人离家千里求学的不易、生活上的不习惯、饮食上的不合口，而且由于离家远，每年只能回家一次，若遇到什么问题，家长也只能是爱莫能助。

作为班主任，作为新疆生的亲人，我明白且能体会到关同学在此时此地的心境。为此，我一直努力想办法去弥补他失去的爱。

在学习上，主动问他有哪里不懂的，主动去辅导他，每次考试结果出来，我第一个找他谈心，分析得失，让他感受到特殊的关爱。因为他头脑灵活，让他当物理科代表，他学习的积极性提高了很多，各门学科的成绩都有显著的提高；对班级的各项活动，他非常热心，与同学们的关系也好了很多。

在生活上，时刻关注，多多关心。当季节转换时，提醒他注意根据天气增减衣服；过节回不了家，带他到新疆馆子吃大盘鸡，中秋节时带月饼给他。当他遇到困难时，我特别重视，并安排其他同学给予他帮助，让他感到尽管少了父母的爱，但多了老师的呵护和同学的关心与帮助。

在思想上，多疏导，善规劝。记得第一次找他谈心时，我送了他一本书，一下子打开了他的心理防线，他什么事都愿意跟我说，也愿意听我的建议。对于早恋问题，我多次与他谈心，分析利弊，使他认清了现实，全身心地投入学习中。最终他以优异成绩考入杭州理工大学，实现了人生的一次成功飞跃！

感悟：教育是"教"人"化"人。对单亲家庭孩子的教育，需要投入更多的真情，只能努力成为他生活和学习上的朋友、思想进步的引路人，让他体会到老师的关爱、集体的温暖、同学的友善，才能有效地"教"人"化"人。

用心、用情、用力
——班主任工作的创新实践

班主任是班级管理的核心，良好班风的构成、学生身心的健康成长、文化素质的提高，班主任的作用至关重要。自担任班主任以来，我忙碌着、紧张着，同时也充实着、欢乐着。连续八年的班主任工作，我坚持用心、用情、用力做好学校安排的每一件事。

一是用心。教育教学是一项系统工程，从课堂教学、作业训练到考试检测、教学分析，从学校教育到家庭教育，学校都从顶层设计做了周密的安排。作为末端落实的班主任，就是要用心把学校安排的每项工作落实好。但落实和不落实大不一样，用心落实和一般落实又大不一样。这其中关键在一个"悟"字。就拿每天的早读和午读坚持到班来说，这是班主任一项无法避开的常规工作。如何让这些每天必做的事真正发挥育人的作用，也是我连续一个学期早读和午读坚持到班后才"悟"到的。通过周密安排早读和午读内容，坚持到班检查督促，悄悄提醒"滥竽充数"的学生，大家感受到了我的有效陪伴。我还发现用好早读不但可以培养学生良好的阅读学习习惯，提高学生的注意力，还可以培养学生团队意识。齐声朗读、步调一致，强调的就是团队意识。慢慢地，我发现用心落实好学校安排的各项工作，不但给我提供了系统科学的工作方法，而且可以让我们的工作和学校同向同行，形成合力，事半功倍，发挥系统效应。我们的"用心"也有传导作用，我们用心理解学校的良苦用心，学生也能理解我们的良苦用心。通过日复一日的早读、午读，学生学习方向更加明确，良好习惯自然养成；学生明白了"一个人可以走得很快，一群人才能走得更远"，良好的班风也悄然形成。

二是用情。"爱是教育的根本"，班主任要善于接近学生，体贴和关心学生，多和他们聊天、玩游戏，了解他们内心的想法，使他们真正感受到老师是爱他们、关心他们的。学生们信任你、喜欢你，班级的工作就很容易开展。用情关键在一个"真"字。我们用情有多真，学生敏感的心灵感受得最真切。家访是学校与家庭相互联系、沟通的重要手段。通过家访，教师可以了解学生在家的学习表现；了解学生的家庭背景；了解学生的生活行为习惯。通过家访，教师可以让学生家长了解学生在校的学习、工作、行为表现。不管是班主任，还是学生家长，只有深入了解学生，才能因材施教，让教育效果最优化。能否得到家长的支持和配合，是做好班主任工作的重要保证。去年，学校安排了家访工作，凭借着对学生的真情，我走访全班所有本地孩子家庭，用自己的真诚和热情，与每一位学生家长建立了和谐融洽的关系，使家庭教育与学校教育达到了高度一致。与家长经常性的沟通联系，不仅使我更多地了解学生的真实情况，更重要的是，给孩子的家庭送去了老师的关爱。这种真挚的情感有着巨大的感染作用，不仅令家长们深受感动，更能转化为学生们学习上进的无穷动力。

三是用力。这个力指的是合力。班主任不能一个人单打独斗。要善于向领导、前辈请教，多与合作伙伴协调。每次遇到问题，我都积极向有经验的前辈请教，多听多看多思。非常感激领导、同事们耐心细致的帮忙，才让我快速成长。成绩的取得也与所有合作伙伴之间的勤于沟通、密切合作密不可分，是他们用辛勤耕耘、科学教学、合理管理换来的。要善于与科任老师团队一起携手努力。对于班级管理，团队协作很重要，经常跟同年级主任、科任老师一起讨论，多到各班级看看，多与其他的班主任交流，有问题及时沟通并解决。

一个人遇到好老师是一生的幸运，一所学校拥有好老师是学校的光荣，一个民族源源不断涌现出一批又一批好老师则是民族的希望。对于班主任工作，我还在摸索中，我会秉承"用心、用情、用力"的原则，争做一个家长放心、学生安心、领导放心的合格班主任。

林东星

　　珠海市实验中学物理教师，目前担任高二年级班主任，先后获得市级教育系统优秀共产党员、市级竞赛辅导教师、校级优秀班主任、校级优秀教师等荣誉称号；参加省级实验教学说课比赛并获奖；报送广东省"一师一优课、一课一名师"活动的课例被评为省级"优课"；发表多篇教育教学文章。

锁在门内的自由

"小闵，出来吃饭啦！"小闵妈妈从厨房端出最后一个菜，放在餐桌上的同时，特意提高声音吼道。"哦"，紧闭的房门后传来一个男生的声音，随即房门的锁咔嗒一声开了，男生从房间走出来，拖出餐椅坐下，一只手拿起妈妈准备好的筷子夹菜，一只手拿手机偶尔滑动一下屏幕，眼睛盯着屏幕就一声不吭地吃着妈妈盛好的饭。其间，小闵妈妈看了看小闵，她也觉得没有什么话可以说，就一边看电视一边吃饭。不一会儿，还没等小闵妈妈吃完饭，小闵就放下碗筷，回房间并把门锁上了。这样的场景，小闵妈妈早已习惯。

第二天家访时，当我问小闵妈妈孩子周末在家都做什么的时候，小闵妈妈是这样说的，"小闵平时在家，就喜欢把自己关在房间里，就是吃饭的时候才出来一下"。她一点都不觉得有什么不正常。家访刚开始，小闵就打算回房间，我赶紧喊住他："小闵啊，你也坐在这里跟老师们说说话。"他"哦"了一声，才走过来默默地坐在他爸爸旁边的椅子上，好像不是很情愿的样子。

不久前在小区门口，小闵见到我们时还笑着向我们招手，我们让他上车给我们指路。也许是在回复家长接到老师们了，也许是在看其他东西，车已经开到路的尽头，他却走神了，忘记给我们指出接下来要走的方向，直到老师们提醒他。

小闵平时在学校很开朗，跟同学有说有笑，但周末在家跟在校这么不同，感觉变了一个人一样。在学校开学第一周，他跟他同桌陈同学有说有笑。让他当舍长或者班干部，他虽然有推辞，但还是接了下来。在学校期间，我一直觉得他是个特别爱说话的孩子。他也因晚修说话被扣分，被我找来谈话。我叫他少说话，多干活（即认真学习并把学生工作做好）。

小闵妈妈倒是非常热情，被邀请担任家委，为班级做了不少工作。家访时，主要是小闵妈妈接待我们，小闵爸爸在旁边听，偶尔也问一下他在学校的情况。他们一家三口住在市区的楼梯房里，房子看起来已经有一定年龄了，但家里整体上干净整洁。

经过询问得知，在周末，小闵并没有与父母有更多的互动与交流，更别提什么外出活动了。家长询问学校的情况和工作安排，小闵一直沉默寡言。整个家访过程，小闵几乎没说什么话。

　　小闵把自己关起来，其实是在创造一个属于自己的自由空间。这种现象，在城市里很常见，如不想父母干预自己的生活、学习，不想与父母说话沟通，不想与父母说自己在学校的事情，对家长问的话漠不关心或者敷衍答应而不会真正行动等。他在自己的房间里可以自由自在地玩手机，可以随意做自己想做的事情，除了写作业。这种现象的主要原因，可能是亲子沟通有问题。

一、信息不对称、观念不一致

　　家长一见到孩子就问在学校怎么样？考试了吗？考了多少分？作业有没有做？等等。孩子可能会如实回答，更可能会敷衍了事，比如敷衍地回答"好啊""没有考试""不知道""都做了"等。于是家长就完全不了解孩子在校情况，而且很可能也不会与老师及时核查孩子情况。等到真正的考试来临，谁说了真话谁撒谎，一目了然。孩子考差了，家长就会觉得孩子不好好跟自己说话，想关心孩子，孩子又表现得很不在乎。孩子只会觉得家长不理解自己，不关心自己的切身需要，完全不知道自己喜欢什么，只关注成绩。家长的观念和孩子的不一致，导致他们在面对相同的问题时，各自有不同的想法。高中阶段，孩子经常坚持自己的想法，认为自己是对的，而在家长眼中，孩子永远是孩子，家长的想法才是对的，双方互不相让。

二、沟通没有合理反馈

　　在家长与孩子没有搭建顺畅的沟通桥梁时，孩子往往对家长的沟通没有回应，甚至排斥与家长沟通。孩子不愿意与家长沟通往往存在以下因素：一是家长在沟通中忽略孩子的精神需求，无法走入孩子的内心世界，比如家长在跟孩子沟通时，只是一味地把自己的为人处世观念灌输给孩子。二是家长没有耐心倾听孩子的诉求，比如显得特别烦躁，甚至直接跟孩子说不听解释。亲子沟通没有得到合理的反馈，长此以往，孩子就逐渐形成了亲子沟通无效的潜意识，对与家长的沟通不再抱有希望，其表现为懒得跟家长讲话，回到家就把自己关在房间里。

三、沟通的通道也很重要

　　正如前面所说，足够的耐心是亲子沟通中的前提。家长与孩子之间没有耐心，互相不听解释，则亲子沟通很可能就关闭了。有这样一个故事，在一个访谈节目中，主持人问一个小男孩："如果你是飞行员，突然在飞行中发现飞机没有油了，怎么办？"小男孩说："让大家在飞机上坐着，我自己下去。"观众都笑了。此时我们也许觉得小男孩自私自利，先逃生了。接着主持人问了一句："为什么要自己先下去呢？"小男孩才解释道："因为我要去给飞机带油。"如果小男孩没有机会解释，可能大家就会误解小男孩说的话。虽然孩子的解释有时候就是借口，但是让孩子能够自我解释，保持沟通的通道常开，往往比沟通的内容更重要。可见，沟通的通道畅通是非常重要的。

我在快餐店里过周末

周末早上，家访教师团队来到学生住所附近，约见的地点为小区楼下一间快餐店铺，该店铺由学生家长夫妻俩亲自经营。学生到店铺所在的街道口迎接我们。我们远远就看到他在街道口的尽头向我们招手。很快，我们在店铺里坐下来。铺面不大，单间的形式，几排餐桌，有一个客人正在靠近门口的餐桌上用餐。

学生父亲出门来迎接，安排我们落座在店铺里的一排长排餐桌上。这长排餐桌应该就是家长专门为教师团队拼桌拼起来的。靠里边是收银台，旁边有张书桌，上面摆放了不少学生书籍，有些低年级的课本。最里面就是后厨了。学生母亲也连忙从后厨出来。

整体上，这就是一个自力更生、艰苦奋斗的家庭，学生表现出阳光、热情的精神状态，估计平时在店铺里学习，有客人来的时候就帮忙招呼客人。学生还有个弟弟或妹妹，只是这一会儿不在店铺里。

在家长和学生的热情接待下，教师们纷纷落座。经过一番沟通交流，得知他们一家住在这个小区，租了这间小店铺，学生父母两人共同经营快餐店。虽然教师们都是吃过早餐再出门家访的，但是学生母亲还是端来几碟自己做的热乎乎的水饺。他们靠着自己的厨艺在这座城市里安身立命。

教师们就学生在校期间的突出表现和问题，逐一与家长、学生谈话。学生在学校期间担任宿舍长，与同学们相处融洽，在每周文明宿舍评比中，带领舍友们坚守学校的规章制度。他们宿舍获得文明宿舍称号的次数最多。通过谈话，我们发现这家人的家庭教育做得比较成功。学生谈吐显得比较自信，沟通也比较顺畅。周末有时间的情况下，学生还会和父亲到附近的公园爬山等。家长对学生的表现也比较认可，希望学校能对学生严格要求，加强管理和教育。

通过这次家访可以感受到，劳动教育在该家庭中发挥了重要的作用。接下来，我们来谈谈这类家庭教育下的学生特点。最主要的特点是培养了学生辛勤劳动的优良品质；其次是学生的心理承受能力和融入社会的能力比较强；最后是学生比较成熟懂事。在这样的家庭里走出来的学生容易被同学们认可，家长也会感到比较省心、省力。我想这也是他能够带领舍友们几乎每周都能获得文明宿舍的原因。由此可见，劳动教育是非常重要的。

劳动是光荣的。虽然我们从小就知道，但是有多少人从心底里幻想着不用上学、不用上班。也许我们都想实现财务自由、环游世界的梦想，但是不劳而获的思想坚决不能有。常言道，唯有贫穷和老去，是不用我们努力就可以轻而易举得到的。世界上所有美好的事物都需要我们去努力付出。

那么，如何在家庭教育中渗透劳动教育呢？

一、劳动教育是要有客观条件的

在本次家访中，我们可以看到，学生在自家的店铺里做家长的帮手。学习之余会帮忙招待客人，当然也有出去找同学们玩的时候，但是每周甚至是每天，或多或少都会帮父母干活。由此可见，并不是所有的学生都有这种形式的劳动教育。但每个家庭都有让学生劳动的机会，例如分担做饭做菜、打扫卫生的家务，到社区做志愿者，到福利院慰问老人等。

二、劳动的持续性也重要

劳动不是一时半会的事情，也不是按个人意志随便安排的。比如，学生选择做饭做菜，那就一直让学生负责做饭做菜；学生选择打扫卫生，那就一直负责打扫卫生。在持续性的劳动教育行动中，学生才能逐渐形成对某一项劳动技能的熟练掌握，甚至得到持续劳动中的更深层次感悟。就像学生踏入社会就业，都需要工作一定的时间才能有所成就，而不是一直在跳槽。正所谓行行出状元，不是一跳槽到该岗位就能成为状元。

三、学习与劳动并不会矛盾与冲突，反而是相辅相成的

有些家庭特别溺爱孩子，不让孩子参与劳动，或者只是让他们偶尔尝试劳动一下。长此以往，孩子连劳动带来收获的简单道理都不明白，甚至是不信。这些学生在学校表现出来就是经常不交作业、不参与训练、总想着放假或请假回家休息，成绩自然而然就会不理想。偶尔有些头脑精灵的学生靠着上课听一听，作业抄一抄，吃老本，考试还能过得去，就瞎吹自己不用学习、不做作业、不听课一样能考好。但这类学生不明白，若能勤劳刻苦一些，成绩会更上一层楼。反之，经常参与劳动的学生会意识到，只有艰苦奋斗，才能获得突出的成就。于是他们会在劳动的过程中，锻炼自己的技能与意志力。当他们将劳动中所学的知识与技能运用到学习中去时，就会迸发出惊人的效果。面对问题与困难，他们会靠能力与意志力去克服，而不是采用一些投机取巧的伎俩。当然，有些人把学习当成一种劳动，这也未尝不可，学习与劳动并不矛盾。但是要注意的是，安排学生全天候去学习，学生真的在学习吗？建议学生既要安排足够的学习时间，又要安排足够的劳动时间，还要安排足够的休息时间，劳逸结合效果更好。

老师，您帮我说说他

周末的上午，教师一行人来到学生小罗家进行家访。小罗和他爸爸首先出来迎接，带我们去他们家开的店铺就座。店铺还是比较大的，主要销售装修材料。除了学生父母在店外，还有其他员工。我们在其店铺的会客厅坐下谈话。

不一会儿，小罗妈妈忙完手头上的工作之后也加入了谈话。根据小罗爸爸的描述，可知他们家庭情况相比以往改善了很多。夫妻俩早年在其他省市打工，成家后来到珠海定居，自己拓展了一些生意，就一起经营建材店铺，偶尔要出差。小罗是家里的独子，还好有老人照看。父母这些年遇到很多挫折，好在生意逐渐走上正轨，现在生活条件比较好了。小罗上学后，都是父母开车接送，或者安排司机接送。父母对小罗的学习生活都给了足够多的支持和要求。

在访谈的过程中，我们逐渐谈到小罗的在校表现。例如，他在学生会工作，工作认真负责，为同学们做出了很多贡献。但学习上，成绩中等偏下，不尽如人意。家长也表示，小罗的成绩离他们的预期差距很大。家长要求小罗不要再做学生会工作而专心读书，不准带手机、平板电脑等电子产品到学校。小罗显然不愿意但也不吭声。老师们各自谈了他各科的表现情况，回答了家长的困惑。虽然在座的访谈老师给学生、家长提了一些意见和建议，但是在对返校后的学生观察中发现，学生并没有多大的改变。再到后来小罗因为违规使用电子产品被值班老师发现，老师向小罗父母反馈了情况。电话那头，家长无奈地说："我们说他，他都听不进去。他比较听老师的，老师您帮我说说他。"

综合来看，该学生具有娇生惯养的"嫌疑"。典型的表现为家庭条件好、学习成绩差；懒惰，娇气，受宠；缺乏竞争意识；家长忙于工作，没空管孩子，很可能由老人从小带大，缺乏来自父母的教育和关爱；缺乏长远的理想和追求；缺乏奋斗的动力。这类问题多见于独生子女的家庭中。

由此也可以反映出，家庭教育对孩子影响的深刻，并不是两三年的高中教育就能够改变得了的。

那么，如何在家庭中避免出现类似家庭教育问题呢，家长们应该怎么办？

一、家长是家庭教育的第一责任人

由于各种主客观的原因，家长只顾自己的工作，缺乏对孩子的陪伴，因此孩子从小就缺乏来自父母的教育和关心，觉得父母是不爱自己的，甚至有时候觉得自己的存在是多余的。这样的孩子会性格孤僻，对人冷淡或者脾气暴躁，跟父母说话声音偏大甚至怒吼。这是父母在家庭教育中失职造成的。放任不管又很容易走向溺爱的极端，比如对孩子的要求百依百顺，孩子便表现出任性、自私与情绪不稳定。

二、家长不能代替孩子的自我发展

对于孩子能够做并且应该做的事情，家长要及时学会放手，让孩子去尝试去完成，从而达到自我发展的目的。孩子小的时候会哭，爷爷奶奶急着去哄去抱；上学后，鞋子衣服脏了，家长积极主动去清洗；高中住宿后，把一个星期的脏衣服带回家，让家长帮忙洗；在家遇到学习困难就请私教老师辅导；遇到学习生活上的问题，不会自己尝试去处理，只会叫家长来。虽然家长为孩子做了很多工作，为孩子的成长扫清了各种障碍，但其本质上剥夺了孩子独立成长的机会。更有甚者，一切都由家长代劳，家长乐意，学生开心，殊不知最后造成了孩子任性、懒惰、缺乏理想与追求、不爱学习、缺乏竞争意识等不良后果。

三、做到高度关爱与严格要求双管齐下

观察周围的家庭，凡是由爷爷奶奶带大的孩子一般问题多，难管教。这是老人对孙子孙女天生的关爱，却缺少严格要求造成的。老人面对调皮的孙子孙女，敢打敢骂吗？不会的，甚至连批评的话语都难以说出口。有些家长对自己孩子宠爱有加，却不敢提要求，孩子要啥有啥，自然不会觉得自己有什么不对。但是孩子长大后，由着性子做事情，那是要处处碰壁的，社会适应能力差。对于一个社会人来讲，错了就是错了，该批评就要批评，不要有不劳而获的想法，不能以自我为中心任性发展。因此，父母一定要履行好自己的职责，做到高关爱、严要求，才能让孩子健康茁壮成长。

为什么要别离？

　　"我给大家表演一段街舞吧。"小谢同学在班会课上自信地讲道，随即播放起事先准备好的背景音乐。只见音符跳动之间，她那充满活力的舞姿吸引了每一个同学的目光。神采飞扬的她，跟平时听课、自习昏昏欲睡的样子截然不同。小谢同学成绩一直在班里垫底，跟她谈过话，但也不见效果。

　　为了能了解和帮助小谢，我们安排了一次家访。周末，科任老师们来到金湾区三灶镇某村，行了十几公里路程，耗时半个多小时。刚开始路上还是有标准车道的，后半程大约是十公里县道乡道，路窄拐弯多。路边都是水塘、水沟等，稀稀拉拉几条电线，感觉比较危险。

　　按手机导航，只能前进到小谢家附近的路口，然后再根据家长的电话指引，一行人才来到学生住的地方。这地方在一块小山包旁，周围有很多水产养殖鱼塘，一条几米宽的水渠从他们家旁边穿过。外公外婆与学生一家，住在自己搭建的简易棚屋里。学生母亲独自一人到离院子不远的路口招呼我们进来。

　　一进院子的大门，就有个足够停车的院子，与外面的单行道相比显得宽敞了很多。经过学生母亲的简单介绍，原来他们在这里除了养殖水产之外，还提供了场地给一些垂钓爱好者来溪边钓鱼，所以自建了足够大的地方停车。正在这时，我们也看到两三个垂钓者在他们家不远的溪边钓鱼。当天小谢还在学校自习，家里就只有她外公外婆和母亲。一番介绍后，各科任老师与小谢母亲围在一个小茶几旁谈小谢的情况。

　　经过谈话我们了解到，小谢常年跟外公外婆在家，父母外出工作，外公外婆经营家里的渔场。每次小谢去学校都要分两段路程，外公先送她到六公里外的公交站，她再搭公交车去学校，返程也如此。在我们家访时，她外公还不忘整理渔具，看起来非常勤劳朴素且能干。

　　小谢母亲跟我们介绍了他们家的特殊情况，最主要是夫妻二人要常年到外地工作，使得他们都不能长期在家照顾孩子，也说了一些家庭内其他成员的情况。其中，小谢的小姨在培训机构做过外语教师，曾经给过小谢一些指导。小谢外语成绩确实明显比其他科目要好得多，因此，小姨的教育对小谢起到了一定的作用。只可惜，她小姨也是长期在外工作的，这样的指导工作并没有持续下去。

访谈中，随行的老师针对学生个人情况，回答了学生家长的问题，也给了一些建议。据小谢母亲的描述，她本周末后又要到其他城市上班了。

像小谢这样父母不在身边，由老人抚养长大的学生，是典型的留守儿童。因为父母监护角色的缺失，家长不能随时了解和把握孩子的心理、思想变化，所以容易出现监护不力、缺乏关爱、疏忽照顾等现象。孩子容易性格柔弱内向、自卑、孤独，甚至产生怨恨父母的心理。

那么，面对留守儿童现象，家长们应该怎么处理？

一、家长要努力承担起家庭教育的职责

一定不要认为教育孩子就是学校的事情。有些落后的观念认为，家长不外出赚钱怎么养家糊口，所以必须到外面工作，把钱和物资准备好给孩子就可以了，至于读书的事情，就交给学校好了。这实际上是拆东墙补西墙的做法，殊不知到最后孩子成绩不理想，得不偿失。《三字经》有言，"子不教，父之过"，这个道理至今仍然适用。家长应该尽可能与孩子生活在一起，直到高中毕业或者年满十六周岁。即使在外地务工，也要主动把教育孩子的那份责任担当起来，与学校、社会资源配合起来，把孩子教育好。

二、多联系多沟通，亲子活动及时补

由于缺乏父母的陪伴，孩子的成长会面临很多不确定的障碍。如果不能及时处理，很容易积累出问题。一方面，家长要积极主动与孩子的学校老师沟通，主动说明自己的特殊情况，共同商讨教育孩子的策略。只有积极主动与各科任老师沟通，及时了解孩子学业情况，才能做到心中有数。根据老师反馈的问题和意见，采取相应的教育措施，及时纠正孩子的不良行为习惯，要做到有人管、及时管、一起管。另一方面，也要积极与孩子联系、沟通与交流。学会聆听孩子的心声往往比说教更加有效。家长与孩子的沟通，要有耐心、细心，尊重与爱护必不可少。学会鼓励孩子克服生活和学习上的困难。面对面沟通肯定会比线上沟通更加有效果。家长要积极创造条件，带孩子参与亲子活动，比如爬山、散步、健身、到公园露营等。

三、做到高度关爱，严格要求

一方面关心关爱孩子，相信这是所有父母家庭教育的基础，也是与生俱来的本性。但是如何关心关爱孩子，如何让孩子内心感受到并且接纳父母的关心关爱？这是每一个父母都要认真求解的人生必答题。"我外出打工赚钱，都是为了

养你，为了让你过得好一点！"很多父母都是这么说这么想的。但是，孩子理解、乐意吗？我很怀疑。有这么一句话，陪伴是最长情的告白，陪伴是最好的教育。因此，与其长期在外打工赚钱，不如陪伴在孩子身边艰苦奋斗。另一方面，父母不在身边，老人又难以管教，孩子小则非常调皮，大则异常叛逆，谁都管不住。没有了父母严格的要求，孩子很容易出问题，走极端。在诱惑面前，孩子很难管得住自己。因此，父母一定要在给予孩子高度关爱的同时，提出严格的要求。

他以前不是这样子的……

都说"穷人的孩子早当家""寒门出孝子"，但是也有例外的。上了高中之后，小刘第一次离开家住进寄宿学校。很快问题就暴露出来了：他白天上课打瞌睡，课间晚自习看小说，偶尔会迟到。我已经找他谈了几次话了。不久之后我发现小刘在教室玩手机，手机并不是智能手机，而是那种超长待机的老人机。老人机都能拿来玩小游戏、看电子书。当时第一时间，我就跟小刘母亲沟通有关手机的问题。家长给孩子手机是为了让他来回学校之间能方便联系，没想到他竟然拿到教室里玩。在高中校园里，小刘总是独来独往，很少与同学、老师交流，而且反应有些迟钝。一个学期快过去了，小刘的成绩一直往后退。老师们找他谈话也没有什么效果，他的情况令人担心。因此，我专门联系了小刘母亲并进行了一次家访。

"他以前不是这样子的……"小刘母亲一边跟我们解释，一边领我们到他们家里。房子是老旧的楼梯房，屋子里整理得还算干净利落。家里外公外婆身体健康，平时还能照顾小刘的饮食起居。小刘这会儿还在学校参加自习。

从家庭环境来看，小刘家里还是比较贫困的。经过小刘母亲的告知，我们才得知在小刘很小的时候，夫妻俩就离异了。离异后，小刘跟随母亲回到外公外婆家，小刘母亲在一家物业公司当保洁员，靠微薄的工资收入把孩子慢慢拉扯长大。但是在几年前，小刘母亲的身体就大不如从前，肩膀疼痛难忍，入院治疗过一段时间，出院后时不时还会发作。实在受不了的时候会吃药，但是不能再干重活了，她也就从公司辞职回家，偶尔接些临时活，来赚取一些生活费。社区居委会也知道他们的家庭情况，因此，对他们有所关注和照顾。他们申请了低保户待遇和国家助学金。但在访谈的过程中，小刘母亲有个奇怪的想法，总是说医院是骗人的，把她的身体治疗坏了。虽然我们给她纠正这个观点，建议她要相信医生，不适随诊，但是后来的家校沟通中，小刘母亲不止一次责怪医院治坏了她的身体。

经过访谈，我们了解到小刘家庭属于单亲家庭。这类家庭的教育问题与留守儿童类似，却会更严重一些。单亲家庭对孩子的成长影响很大，但有一定的积极影响，比如可能会使孩子更早地独立起来、提升抗挫折能力等，但是更多的是消极影响，比如关注与关爱不足、缺乏安全感，孩子的内心容易自闭、自卑、自责、焦虑、抑郁、妒忌、怨恨、叛逆等。面对单亲家庭可能存在的消极影响，家长在教育孩子时，需要做的比普通家庭父母要多很多。

一、持续关注与关爱孩子的成长

家长与孩子需要坦诚接受单亲家庭的现实，家长要留意孩子对单亲家庭的认识，调整心态，努力适应生活，克服生活的困难，接纳自己，勇敢面对社会，尤其是面对来自周围人的看法。

二、要给孩子足够的安全感

马斯洛认为，缺乏安全感的人往往感到被拒绝、不被接受、受冷落，或者受到嫉恨、歧视。这样的人往往是孤独的，是被遗忘遗弃的，对周围没有安全感，就像面临着威胁、危险一样。对他人不信任、妒忌、傲慢、敌视，甚至仇恨。同时也因为无力改善现状而显得焦虑、悲观和不满足。

三、要突出孩子的存在感

家长、老师可以鼓励孩子参加班级集体活动，让他融入同学们之中，适当给孩子创造机会刷存在感。积极留意孩子表现好的地方，及时表扬或者表示认可。比如在孩子为班级做贡献的时候，公开表扬他。让孩子独立完成一些简单的任务，如布置相对容易的作业、完成一次值日任务，让孩子从中得到成功的喜悦。

是啊！根本聊不下去

小章父母以前在附近的工厂打工，后来感觉一直打工不太好，不能满足养家糊口的需求，于是出来单干，开起了工厂。现在条件好了一些。访谈中，小章并不在现场，但是遇见了小章正在读小学的弟弟。弟弟看起来比哥哥要活泼开朗，很热心地跟我们打招呼，性格与哥哥截然不同。

小章平时在学校表现很好，担任宿舍长。分班至今，所在宿舍几乎每周都获得文明宿舍称号。我问小章："你们怎么做到几乎每周都获得文明宿舍（称号）呀？"他说："宿舍每个人都做好自己的事情，也没做其他事。"话虽然不多，但是说出了其中的道理。课上课下，小章按学校的规章制度做事情，坐姿端正，看起来认真且乖巧，但是高一一年过去了，成绩还是中等偏下。可以说，除了学习外，他的其他方面都是很让家长、老师满意的。

通过访谈，我们了解到一直是母亲在照顾小章，父亲很少涉足他的事务，但是家长与孩子之间的沟通有一些障碍。比如说，每次家长来到学校送换洗的衣服，小章都是匆匆忙忙交接一下就走了，好像害怕别人看到自己的家长一样。母亲以为每周来送换洗衣服，可以节约一些时间，在同学眼中是值得羡慕的事情。但是实际上这不是一件值得羡慕的事情，反而剥夺了小章协调自己学习生活的机会。估计小章也认为这不值得炫耀。

小章父亲只有在接送他的时候，能与小章沟通交流一下。当我问小章父亲："接送孩子时，您一般与孩子说些什么呀？"小章父亲就说："问生活费带了没，在学校表现得怎么样……""那孩子是不是觉得聊这些很无聊？"他父亲很快就说："是啊，根本聊不下去。"他父亲说他跟小章的弟弟就无话不谈，真是觉得奇怪。小章在学校跟宿舍同学沟通交流是没有什么问题的，但是范围不会很广。回到家里，就是吃饭洗澡，再把自己关在房间里，跟其他人都没有什么聊天的机会。他弟弟说："我经常是隔着门跟哥哥聊天的，嘻嘻。"

小章母亲面对小章暴露出来的问题，也是心急如焚，但只能等小章自己转变过来。她说："小章小学的时候，学习成绩在整个金湾区那是没得说的。但是初中的时候去市区的初中读书，就出现问题了。"虽然在一个好的初中就读，但是在市区，平时夫妻两人都没有什么时间去看望小章，小章只能跟老人住在一起，成绩下滑，在问题出现端倪时没有重视。

"我非常后悔让小章去市区读初中"，小章父亲继续解释说，"快到初三年级最后的两三个月，我们感觉不过去市区住不行了，于是每天下班都回市区，小章的成绩才有些起色，考取了实验中学。现在在高中，感觉小章又像初中的头两年一样，情绪低落，成绩没有什么起色，感觉就像一个闷油瓶。"小章母亲补充说："小章经常说他初中同学都考上了比自己更好的高中，我觉得他心里比较自卑，都不好意思联系初中同学。"

如果想改变这种状态，家长们可能需要从父母双亲到位并进行有效的亲子沟通、让孩子尝试掌控自己的生活、树立信心和指导学习方法等方面入手。

一、父母双亲到位并进行有效的亲子沟通

从访谈中我们了解到，小章父亲常常在外忙于工作，家里的事全由小章母亲操办，小章母亲担起所有的责任。初中以后，小章跟父亲相处的时间非常少。只有在往返学校接送过程中，父子之间才有一些简单的交流。他并不像弟弟那样，跟父母无话不说。父爱如山，父亲是孩子的榜样，尤其是男孩。但是目前的状态是，父子之间的沟通都成了问题。在教育子女问题上，父亲没有扮演好自己的角色，只有母亲负责陪伴孩子长大。在没有或者缺少父亲参与的家庭里，孩子可能会缺少安全感。缺少父爱的孩子，胆小懦弱自卑，渴望父亲的陪伴，但是无法说出口。在这种状态之下，急需父子之间敞开心扉进行有效的沟通，互相了解，放下成见。或许需要一定的契机，需要第三人来促成，比如可以寻求母亲、老师的帮助。

二、让孩子尝试掌控自己的生活

母亲常常会为孩子做很多孩子自己就能做的事情，较正常父母关爱有过之而无不及。比如让孩子打包一周的脏衣服回家，由母亲来洗。甚至认为这样孩子就能专心学习，学习成绩就会好。但孩子并不觉得很开心，成绩也不尽如人意，同时也不希望被同学看到他父母来学校拿衣服。其实原因很简单。随着孩子的成长，他内心寻求独立的意识若隐若现地对抗孩童时期对父母的依赖，但是孩子自身并没有认识到这一点，因而无所适从。这种情况得不到改善，孩子会缺失生活上的自理能力，缺乏情感上的自我认识，造成孩子在生活上、心理上的迷失。因此，孩子上了高中，家长们应该让孩子尝试掌控自己的生活，提高其生活自理能力。在完成一件又一件的小事中，积累对生活的信心和斗志。

三、树立信心和指导学习方法

根据小章母亲的回忆，在初中阶段后期，小章自从参加了运动会演出，获得了同学、老师们的认可后，逐渐开朗起来，并且学业成绩也有所提升。高一以来，小章都没有机会展示自我，再加上他比较内向低调的性格，他平时在班里的存在感确实比较低，成绩又靠后且未曾寻求老师的帮助，他的自信心备受打击。因而，让孩子完成他努力一把就能完成的任务，能树立他的信心，这很重要。比如让他参加擅长的运动会演出，为他布置适当难度的作业训练，让他做力所能及的生活小事，等等。

至于学习方法，其实每个孩子都会有。一方面，家长要鼓励孩子认真听老师的指导，孩子需认真完成训练与考试，在练习和考试之中总结经验方法。另一方面，老师们要及时找学生谈心，发现学生的问题，帮助学生改善学习方法。正所谓"师者，所以传道授业解惑也"。

谢 羡

　　珠海市实验中学团委副书记，高二年级班主任，从教以来，积极向上，不断学习，形成了自己的教学风格，教学成绩突出；在班级管理中，一直相信只要用心尽心，定能和学生做到双向奔赴，收获一路阳光！

做能控制情绪的家长

曾经在网上看到过这样的新闻：一位妈妈因为儿子上网课不写作业被气得情绪崩溃，甚至想要跳楼；一位妈妈辅导作业时和孩子起了争执，闹着要跳河。家长的负面情绪可以理解，但把情绪失控变成一种教育的方式，是否可取呢？

我也遇到过这样的家长，高一分班后的第一次段考，我把段考成绩上传至网上，家长可以查询自己孩子的各科分数，班里小爱同学的爸爸看到成绩的第一反应是给我狂发信息："非常遗憾，这样的成绩可以不用念书了，她回来就是一直玩手机，我真的好伤心。""什么事情都没让她干，来接去送的，没想到却是这样的成绩。""麻烦告诉她以后不要打电话给我，这周自己坐公交回家。"我有点蒙，我见过家长的愤怒，见过他们的生气，见过他们的担忧，但着实没有见过一个父亲说出这样情绪化的话，我只能安慰他理性看待成绩，耐心陪伴成长，他又很快回复："我不愿给她任何机会了，我的好话已经说尽了。"结果两天之后，我又收到家长的信息："老师，孩子有没有自暴自弃、消极颓废的现象？"我一时间竟不知如何回复，因为这个家长的情绪变化完全是不受控的。

其实，我跟小爱同学谈过几次话，她自觉自律性略差，但是整体还是比较乖巧的，因为数学成绩差，段考后我要求她课后在数学上多花半个小时，她也乖乖照做了，但是毕竟我和她才接触两个月时间，对她之前的成长经历和家庭环境还不够了解，于是我和家长约了一次家访。家访前，我先找学生谈话，以班会课上亲子关系的探讨为契机，说想了解学生在家庭关系处理中面临的问题和需要的帮助。到小爱同学时，她坐在我旁边低着头说："老师，上次段考成绩我爸爸知道了吗？我爸爸是不是很生气，我知道他一定会生气的。我爸爸对我很好的，我怕爸爸妈妈和老师对我失望，不管我了。"

她的话一出，我就知道她爸爸类似"不要再管她""不要接她""让她自己自生自灭"这种情绪化的话不只在我面前说，也在孩子面前说，而且不止一次。"你既然害怕的话就要拿出实际的行动来，我在学校给你提的要求，你都很认真地完成，第二次考试尽管还是落后的，但是相比第一次是有进步的。你看，付出的努力是有收获的，所以我还是愿意相信你，愿意给你机会努力，而在家里你也要给父母看到你的改变和努力，而不只是口头表决心，知道吗？"

"嗯嗯，好的，我爸爸对我很好的，我有什么需求他都会满足我，什么都会听我的。""爸爸是不是很严厉？""爸爸很看重成绩，会因为我考得不好而生气，但是爸爸在家里不怎么管我。""那你周末在家一般是怎么安排的？""写写作业、打打游戏、玩玩手机。""你的手机和电脑是自由支配的？""是的，我爸爸不管我的。"……

这很明显是一个很爱孩子但是又找不到正确方式方法的家长，他只在结果出来时摆明自己的态度，却不曾在过程中做到有效监督。很快，我跟孩子家长约好了时间见面，通过沟通也确定了问题所在：家长觉得孩子已经上高中了，能够自己支配时间、自己规划学习了，所以做不到就会失望、生气、情绪失控。

在此次家访中，我们最终达成了几点共识：第一，孩子在慢慢长大，但是毕竟还是孩子，本身就处在自控力比较差需要家长和老师监督的年纪，我们不能想着自然而然就走向成功，这是一个漫长且艰难的过程。第二，家长的爱要实在一点，不光考前定下目标，考后站在高点评价，而要在过程中做到真正陪伴，了解孩子的问题，找出对应的方法，认识到电子产品的危害，落实行动去监督。第三，希望家长能认识自己，遇到事情要理性客观地去解决问题。如果家长自己也极端情绪化，没等孩子发脾气，自己就先发火了，这种不理智的情绪状态很多时候是孩子叛逆的导火索。

家访结束后，家长发来信息谈感想："我不应该对孩子的成绩情绪化，应该看到她的进步，从这周末起我一定要陪她学习，检查监督，一定要把她的数学成绩拉起来，还要教会她厨房的手艺。我应该多相信她，鼓励她。"

未来，这个孩子不一定会因此发生翻天覆地的改变，不一定成绩能迅速提上来，但养育孩子本来就是一件任重道远的事情，它注定是不能一蹴而就的。但我们家长和老师应该保持平和的心态、稳定的情绪，让孩子保持健康的心态，使她未来什么时候都不畏惧前行，走到哪里都能看见光芒。

教育从了解开始

一直记得俄国教育家乌申斯基说的那句话："如果教育学期望从一切方面去教育学生，那么就必须首先也从一切方面了解学生。"所以在刚接手班级的时候，我是不会贸然去找孩子谈话做思想工作的，你都不了解、不知道他的困惑在哪里，不明白他的问题在何处，怎么谈？能有效果吗？

有一次接手一个高一新生的班级，开学的第三天，有个家长给我打电话，说下午要来给她女儿小雅送饭，让我一定要批假。因为是头一次，又想着每个孩子的适应情况确实不一样，我同意了。结果接下来，这位家长开始频繁地替孩子请假：下午要送饭，请假；周日返校要送小的上补习班来不及送大的，请假；周六自习，要去上补习班，请假；有时候家长和孩子的口径还不一样，明显是在找借口。我知道绝不能无限度地容忍，于是开始暗中观察孩子以寻找突破口。

小雅看上去很乖巧，每天都在安安静静学习，作业也能按时上交，该有的笔记也一点不落，有时放学了还在教室里学习。但我发现这个孩子是非常不专注的，有两次语文早读在写其他作业，有两次在课堂上走神，还有一次上课和同桌说话被英语老师批评。而且她做事的效率不高，有段时间合唱团训练，五点五十分结束，六点半晚修，她只够匆匆忙忙洗个澡，然后到了教室又在吃东西。为了不影响其他同学自习，我把她叫到办公室，结果她一个牛奶加麦片能吃上四十分钟。有几次我假装无意地在课堂上点她起来回答问题，结果发现连一些很基础的知识点她都不会，所以，通过一段时间的观察，我基本可以判断小雅是一种"假努力"的状态。

没过多久，家长也迅速地感觉到了不对劲，二次段考后，小雅成绩依旧垫底，和上一次段考相比没有任何进步，家长急忙约我面谈，我觉得时机已经成熟。见面之后，我先向家长了解小雅的成长经历和在家的状态。在妈妈的眼中，小雅堪称完美小孩，从小到大没有让父母操过心，有了妹妹之后，她也会主动地带妹妹，给妹妹泡奶粉、换尿片，在家从不玩手机、电脑等电子产品，忙活完了就在自己房间乖乖写作业，所以家长支持她的任何想法，想送饭？好，送！想请假？好，请！但同时家长也很疑惑为什么这么自觉自律的孩子成绩却没有进步？

我首先对小雅的优点表示了肯定，但也指出这么懂事努力的孩子成绩上没有一点起色，一定能反映出问题，或者是粗心，或者是学习方法不对。可是当局者迷，可能孩子都没有发现这些情况，所以这个时候老师和家长就一定要提醒孩子并给出针对性的建议。然后我把我在学校观察到的现象说给家长听，家长一听立刻傻眼："老师，我感觉这个小孩我很陌生，我不认识。"我说这很正常，也恰是这样才更突出了家校沟通的重要性，让家长了解孩子在学校的另一面，让老师了解孩子在家的另一面。只有全面的了解，父母和老师才有资格对孩子进行教育，这样的教育也才能收到应有的效果。

我向家长提出了三个问题：你刚刚所说的都是孩子的优点，那么能否说说孩子的三个缺点？你了解孩子现在学习上最大的困惑是什么吗？你有认认真真地陪孩子写过一次完整的作业，了解她学习时候的真正状态吗？

家长想了半天，一个问题都回答不出来，只说她孩子的字迹非常潦草，平时放假回家也会和父母聊天，但从来没见她讲过自己的困惑，而且她觉得孩子很自觉，所以一般孩子进了房间，她就不会再管了。刚好接下来要迎来一个小假期，于是我和家长约定好两周之后再就这三个问题进行沟通，这两周里家长的任务就是暗中观察孩子的情况。

两周之后，家长如期反馈。这一次，她不再支支吾吾反而滔滔不绝："老师，我认真观察了，我发现我家孩子在学习上确实存在一些我以前都没有发现的不好习惯。她的学习资料收得很乱，每次找一张试卷都需要大费周折，而且一个上午常常连一张试卷也完成不了，在写作业的过程中偶尔会发呆和走神。我也和她交流了，她也不知道自己有哪些问题，只是觉得每天都在努力学习，但成绩没有进步，感觉有些挫败。"

这一次，我们都对孩子的真实状态有了清醒的认识，孩子不是不想学，而是没有找到正确的方法；她也不是不够勤奋，只是勤奋浮于表面收不到应有的效果；她知道自己的卷面潦草，却从来没有下决心做出改变，说明孩子的执行力不够；她呈现出来的是一种典型的"假努力"的状态，可是她却完全没有意识到问题所在。

我们决定从学校和家庭两路出发，先找准契机让小雅了解自己，了解"假努力"，然后对她学习上的困惑"一直在努力却没有进步"给出针对性的建议：要学会做好提前规划，要学会思考和提问，发现了问题要及时改正，不要用时间来衡量努力。而我们老师和家长则要做好监督工作：用检查来代替询问和唠叨，让用心陪伴代替"陪着"，学会倾听，及时了解孩子的困惑并给出行之有效的建议。当然，事情到此并不意味着已经大功告成，但教育本身就是一件漫长而反复的工作。只要我们更了解孩子，只要孩子更认识自己，只要我们都在一点一点往前走，这不就是一件可喜的事情吗？

　　生活中，每一位父母可能都自认为非常了解自己的孩子，认为孩子的一举一动都在自己的掌控之中。事实上，这世界上最难读的是子女这部无字之书，孩子们的内心有一个广阔的世界。我们只有看其行、知其意，知其意、懂其心，才能真正发现孩子的问题，真正掌握孩子的成长规律，了解孩子的内心世界，真正做好教育。

叛逆其实是一种抗争

又是一年迎新季，孩子们从初中跨入高中，慢慢脱去稚嫩，渐渐开始成熟，每一次见证这个过程我都觉得很有成就感，但每一次经历，过程又很折磨。

这一年，我被分配带高一新生的国学班，刚开学两天我还晕头转向认不清班里的 50 个学生。有一次在走廊碰到同事："谢老师，你们班里是不是有个叫琪琪的姑娘，我跟你讲，他们家住我楼下，这个小孩一直都很乖巧懂事，但是初三的时候特别叛逆，一直和她爸妈对着干，还硬要养一条狗，把她爸妈气得够呛。"他一说完，我脑子里就出现了一个桀骜不驯的女孩剑拔弩张的画面，结果回到教室对照真人，发现是一个说话温温柔柔、看上去极其温顺乖巧的小姑娘，我把她列为头号观察对象，并且表面上不动声色。

做班主任，我有一个习惯，就是通过布置随感来了解孩子的近况和内心世界。第一周的随感，我发现琪琪的随感写得特别好，我特意在课堂上表扬她，然后课下也鼓励她，她反应不大，只是羞涩一笑。第二周的随感，她依旧写得不错，我让她打成电子版向学校的公众号投稿，她连问了两次"真的吗，真的吗？"后来的随感，她写得越来越认真、越来越敢写真心话，我也是很认真地阅读、很真诚地写评语。后来有一次，她在随感中写了她和同学之间的一个小过节，她表示很委屈：为什么这个同学要这样对我？其实是一件很小的事情，那个同学就是大大咧咧的性格，说的那句话也不是针对她，更没有往心里去，但琪琪性格高度敏感，容易想太多然后对号入座。这一次我感觉找到了谈话的契机，拿着她的随感把她叫来，我说："人不可能十全十美，你不用得到所有人的认可；人这一辈子那么短，健康快乐最重要，让自己不开心的事情一定要及时解决，不能憋在心里；人有时候不用多想，如果确定自己做的是正确的事情，那就坚持。"

随后我和家长交流，她的家长又提供了一个重要信息：她说孩子六年级之前是在东北生活，六年级的时候跟随妈妈来到珠海，小学和初一在妈妈任教的学校读书，后来为了给她提供一个更好的学习环境，初二时又给她转了一次学，琪琪的成绩一直都很优异，但初三时开始性情大变，成绩也哗哗下滑。

再有一篇随感是在大考之后，她写了一只小狗，整篇文章情感基调很悲伤、很压抑，她是以故事的形式写的，用的是化名，但是我知道讲的就是她自己。我没有第一时间找她，而是先找家长了解情况。家长说写的就是她养的小狗，说孩子上初三后特别叛逆，有一次，父母在情绪积累很久之后，终于爆发动手打了她，动手之后亲子关系变得更加紧张。为了弥补琪琪，父母满足了她一直想养狗的愿望，但狗狗的到来，使家里出现了新的矛盾和摩擦。后来父母趁她回老家的时候，擅自做主把小狗送养了，虽然最终在琪琪的争取下小狗又被带回家中，但不幸的是小狗在她中考之后离开了这个世界。

这些情况，琪琪在文中并没有阐述，透过她的文字，我看到了她内心的孤单和心思的细腻，她觉得没有人相信她，没有人愿意听她的声音，只有小狗是她的朋友和依靠。对于父母，她知道父母是爱她的，但还是无法释怀父母曾经自以为是的指责和不被尊重的打骂。

这是一个自尊心极强的小孩，六年级时从北方迁至南方，周围全是陌生的面孔，她必定会比大人更加不适应，但是她没有学会很好地表达，也或许是一贯的懂事和乖巧让她暗自告诉自己不要给父母添麻烦。好不容易稍微适应，初中时父母又打着"为了她好"的旗号给她转学，她在成长过程中是非常缺乏安全感的，在不断适应的过程中负面情绪不断地积累，终于她解决不了、承受不了，出现了大爆发，就成了家长眼中的"突然叛逆"。

所以，孩子不会莫名其妙地叛逆，每一次不同寻常的举动都是她万般无奈之下做出的抗争。自尊心过强的孩子，内心往往是非常脆弱的，他们内心敏感，害怕受到外界的二次伤害，总是会对外界进行恶意揣测横加阻拦，同时又会把自己紧紧地封闭起来。这样的孩子很难获得幸福，也很难拥有十足的满足感，她总在不断地挑战、不断地往前，却容易忘记自己身边的小幸福和小幸运。所以，面对这样的小孩，家长和老师一定要给予他们足够的关怀、足够的爱、足够的信任，让他们在这份爱中学会打开自己的心扉，学会沟通，学会交流，学会自我放松。

后来，我和家长一直在朝这个方向努力，一个学期之后分班，琪琪不再在我的班上，但是她给我写了一段长长的文字表示感谢，家长也说这半年孩子改变了很多，也自信了很多。再后来，我在校园里也会经常碰到琪琪，她每次都笑容满满地和我打招呼、与我聊天，我很欣慰。

我希望我们不要把孩子的叛逆当成无理取闹和莫名其妙，希望我们都能找到孩子叛逆的原因，也要有足够的耐心去驱散那些过往的不美好，希望每个孩子都能脸上洋溢笑容，心里洒满阳光。

让孩子愿意相信你

学校某年校庆，想要拍宣传片，选择的女主恰是我班的一个女生。这个女生长得很漂亮，关键是学习特别努力，成绩还特别优秀，和同学们关系也特别好。没过多久，片子出炉，这个女生一时风头无两，成为学生之间的"女神"，也成了我和同事之间聊天交流的话题，"哇，据说你们班有个校花级别的女生""你们班那个 ××× 真的长得很漂亮，这个孩子成绩怎么样？"

我当然欣慰这么优秀的孩子能在我班上，却又有一些暗暗的担忧：这样一来，肯定会有很多男生向她表白、写情书，她能抵挡得住吗？她会不会在这一大波赞美的冲击下迷失方向？

于是，我摸准了她下午回教室的大概时间，然后在那个时间点开宣传视频并打开办公室的门，果然，她如期出现，也不出意料地和我打招呼，我就顺着那个视频和她聊了起来，也谈到了同学和老师们对她的高度评价，然后很真诚地谈到我的担心。我说这件事之后，肯定会有一些男生按捺不住来向你表白，因为追求美好是人之本能，你确实值得拥有，但是你要清楚自己想要追求的美好是什么，怎么样才能拥有美好。我们的眼光要放长远一些，我们的格局要打开一点，不局限于实验中学，不局限于珠海，不局限于广东，世界很大，我们应该和更优秀的人一起携手去看。她连连点头，说已经收到一些纸条但都拒绝了。

这之后，这个女生还是依旧努力向上，成绩依旧拔尖，我内心很欣慰，但又从没放下这些担心。果然，一学期后的某天，她突然很郑重地找我，想跟我聊一下，我心里咯咚一下：该来的还是来了。

"老师，最近有个男孩跟我表白了，我不知道怎么办？"

"怎么，态度不坚决了？"

"不是，我们是很好的朋友，我不想失去这个朋友，我真的从没有碰到过这么三观契合、志趣相投的人，他说的每一句话好像都是我想的……"

"哇，这确实是件很难得的事情，人生在世，能遇到知己是一种幸运，但是，做朋友是一回事，成为男女朋友又是一回事，你的期望会不一样，你的诉求会不一样。刚在一起一定是甜蜜的，但矛盾和摩擦是一定会来的，如果刚好是高三这个人生的关键时候，你怎么办？我理解情窦初开，也理解这种彼此欣赏，只是你们现在还不能很好控制自己的情感和情绪，所以，等一等，等到你们大学了再来谈这个，我觉得更合适。而且，走出去了才能知道人外有人，天外有天，我觉得只有考上更好的大学，才能拥有更优质的交友圈。和更优秀的人在一起，你才能变得更优秀……"

"好的，老师，我知道该怎么做了，我回去再好好想一下怎么回复，还好你上学期找我聊了，我才敢跟你说。"

有什么不敢的呢？我理解她的想法，但也会如实说出我的担忧，她有她的纠结，但还好她也愿意跟我说。以后她可能还会遇到类似的困惑，但我已经不那么害怕了，因为我知道，她会告诉我、和我商量、与我沟通，而我也将尽我所能助她走向远方。

让孩子信任我，这将是我永远追求的。

热爱不断，鼓励不停

新疆班，是我们学校的一大特色，新疆孩子们远赴离家千里的珠海独自求学，实在让人心疼，所以我总是给予他们更多的关注和包容。

刚上班那几年，我初当班主任没有经验，有一次带班，在和科任老师的常规沟通中，科任老师善意提醒我，让我注意班级里某一位新疆男生，说他上课态度不好，不听课，喜欢走神发呆，在班里还挺有影响力，很容易影响班级风气。听完他的话，我的心里其实很不好过，一方面是出于一种不自觉的护子心理；另一方面是问题出现了，该怎么处理也是一个难题。

我一筹莫展，于是求助于我的班主任导师——王老师，我把情况向她简单描述了一遍，说："要不我今晚就把他拎出来批评一顿？"王老师连忙制止了我，她说："你先不用着急，孩子现在刚进高中，可塑性还很强，你不要因为一言一事而给孩子贴上标签，更不能戴着有色眼镜去看待他，那样他会很容易朝着被定性的方向走。你现在发现的只是他的其中一个方面，你再多观察观察，尽量多掌握一些信息再去和他沟通。"

我茅塞顿开，于是甩开这些包袱轻装上阵。没过多久，这个男生经历了一件大事——他爷爷病重离世，而因为疫情原因，他无法返疆。这对他是一个特别大的打击，他很痛苦又很自责，我一直等着他来找我，等着他情绪爆发，大哭一场，但是他没有，每天都正常上课，只是情绪低落。我悄悄问了他的舍友，舍友都不知道他家里发生了这么大的变故。这个傻孩子，他把所有的难过都埋在了心里呀。

两天后，我按捺不住，把家里小朋友的绘本《悲伤悲伤快走开》带来学校，把他叫到我的办公室，我说："老师给你讲个小故事吧，汪汪是陪着小军一起长大的小狗玩偶，不管去哪，小军都带着汪汪。可是有一天，小军外出旅行的时候，他把汪汪落在火车上了……"

我一边讲着绘本故事，这个男生一直在旁边流眼泪，一点声音都没有发出。我其实心里是慌的，也不知道怎么安慰他，我说："遇到这样的事情一定很难过吧，而旁观者说再多其实都是站着说话不腰疼。这样吧，你有没有想看的电影，在我这看看电影吧？"他摇摇头，我说："那有没有想玩的游戏？我悄悄给你下载，我们在办公室打游戏吧，发泄一下情绪。"他勉强扯出一丝笑，说："老师，不用了，这些道理我都知道，我只是需要一点时间来消化。"我说："好，我明白，我会给你时间，但你要知道我一直在你旁边，同学们也一直在你旁边，他们都很担心你，他们悄悄告诉我你最近心情不好，向我询问你的情况，所以，难过时想想这些爱你的人吧。"

最后他离开办公室的时候，我没说一句安慰的话，因为觉得语言太过苍白，我用力地握了一下他的手，然后给了他一个大大的拥抱。

下晚修的时候，他悄悄递给我一张纸条："老师，我从初中就开始上内初班，这么多年我习惯了什么事情都是自己消化自己解决，但是今晚，你让我觉得我不是一个人，谢谢你。"

再后来，我找了个契机，把最开始科任老师告诉我的话转述给他，但是换了一种方式，以鼓励为主，"××老师说上课的时候你反应很快，能够很好地跟上老师的节奏，但是上课时不够认真，作业也完成得不够好，他觉得很可惜，因为他觉得这个科目本来应该成为你的优势科目。××老师告诉我是想让我和他一起帮助你，你看，老师们都是很相信你的"，他明显眼前一亮。

往后的生活中，他还是会有一些调皮，偶尔会迟到、上课走神、出一些坏点子，但是他绝对地拥护我和我的决定。班级跑操，他主动扛起责任，把跑操活动组织得有声有色，多次得到学校领导的表扬；班级遇到问题，他会偷偷向我反馈，甚至给我出主意……

我在爱他的同时，也收获了他的爱和信任。他在得到鼓励的同时，也拥有了自信和动力。爱和鼓励，让我们不再是陌生的师生，而是亲密的战友、知心的朋友。

调整心态 静待花开

上班第一年，遇到的头等大事便是第二学期的分班。开学的第一周，我被包围在类似抱怨和疑似怀念的唾沫之中，我本感性之人，受不住这些情感的糖衣炮弹的袭击，因此之后很长的一段时间，我都带着深重的情绪迎接和对待我的新班级。看到以前的学生，我笑靥如花；面对现在的学生，我竟无言以对。想起从前的班级，我满心知足；面对新的班级，我各种不满。

这一次，我不再眼里饱含泪水，因为我爱"这片土地"一点儿都不深沉。

这一次，我亦不再甘心低到尘埃里，因为不知道从哪冒出来的感觉告诉我，这不再是从前的学生和班级，不能再让我开出一朵花来。

我用很多类似"常在河边走，哪有不湿鞋"或者"所有的爱情都定然比不上初恋那般刻骨铭心"的理论麻醉着自己，打算给自己无限充分的时间去慢慢适应。

突然醒悟过来是在一周之后，那周的周末作业布置了一篇随感，我跟学生们说，"随便写吧，关于生活的体会，关于生命的感悟，关于人生的理解，只要是真情实感都可以"。改完那次作业后，我彻底惊呆了，因为班里共四十四个学生，有四十二个都在写从前的班级和老师，都在怀念过去，都在写失去之后的伤悲、分别之后的不舍。我的天！一周了，我竟没有让一个学生感受到新班级的温暖，我竟没有做到让他们能够真正地重新开始，我是有多不称职？我是有多失职？

我首先要做的，不是空洞地喊口号号召班级，也不是按照上学期的套路来管理班级，而是调整好我的情绪。

一场戏，演员都没有全情投入，怎样感动观众？

一个班，连我自己都在暗暗地排斥，又如何让整个班级凝聚起来？

这个学期给我上的第一课便是：学会调整自己的情绪。

又想起前几天和母亲散步的情景，母亲从未来过珠海，只为照顾我而待在这人生地不熟的城市，平时我要上班没有时间陪她，只能尽量每日饭后带她到处散步溜达。那天，我们照常饭后散步，我带她来到河边，边走边指给她看澳门的位置，跟她介绍对面是什么地方，上班从哪条路走，母亲听得很是起劲。不知不觉间，夜幕降临，都市的霓虹灯逐渐打开，突然，母亲低声唤我："呀，你快看，那水中的倒影多漂亮啊。"我一愣，下意识地低头："是呀，挺漂亮的，为何我从来不曾发觉呢？"

心态在作祟吧，世间本有美丽，只是我未曾打开发现美的眼睛。

反观之，同样的道理，我的学生呢？我的班级呢？我对待他们不也是这样吗？沉浸在过往，不愿意面对就没有花心思去了解和关心，又如何能发现他们的可爱之处呢？又怎么能得到学生们的情感反馈呢？如若真能做到，那也是稀奇事吧。

所以，一切只在于做或者不做。在于情绪，在于态度。

所以，调整心态，全力以赴，然后静待花开。

努力做最好的自己

刚入职场的第一学期，我似乎大半时光都是在"紧张"中度过。我是一个特别容易紧张的人，学生时代，每每考试便会紧张万分，现在角色变换，成了那个站在讲台上看着别人考试的人，却不想更加紧张。学生第一次月考我紧张，期中考试我更紧张，甚至连寻常的家长会到来，我都在紧急备战状态中，这样的状态持续了整整一个星期。有时想想觉得真是可笑：既然人事已尽，又有什么好怕的呢？接下来便只能听从天命的安排了。但有时我又必须感谢它，因为它让我的情感体验变得更加鲜明，让我记住了更多生活中所谓"琐碎"的事情。

开学至今，四月有余，最开始的那段时间，我想用"兵荒马乱"四个字来形容也不过分：要学着面对比我高大威猛很多的学生，学着生涩却又要故作熟练地处理班级事务，学着应对家长各式各样、五花八门的问题，学着适应那三尺讲台。而最难过的是，我发现几乎每天都有新的问题出现。那时，我说得最多的一句话或许就是"哎呀，这可怎么办才好呀？"然后在办公室急得团团转，办公室的老师总是或同情或不可思议或满眼含笑地看着我，但最终他们都会安慰我，"丫头，不急，慢慢来""没事，都这样，新老师一般都这样，等熟悉了就好了"，并用他们的经验告诉我该如何解决问题。我必须承认，现在我的班级基本步入正轨和我的愈发淡定绝对离不开他们的指导和帮助。

和我的班主任工作同时开始的，还有我的教学工作，并且，相对而言，一日一课的备课任务显得更为紧迫。刚开始，我也是在网上下载别人的教案、课件，稍加修改就拎上课堂，但总觉得不对劲，这中间，总归是差了点什么，有点"隔靴搔痒"的味道，又好似《诗经·蒹葭》里头的"在水一方"。毕竟不是自己的东西，不是跟随自己的思路而来的，也不是情之所至，言之所至，如何能感动自己？更枉论去感动学生了。于是慢慢地，我摸索出了一条道路：拿到一篇课文，我先读一遍、两遍，多读几遍，有了自己的感悟和思考；然后去听其他老师的课，把上课的思路理清楚，把课文的重难点抓住；回来之后，我再一字一句地写我的教案，一字一句地敲打我的课件。老实说，这样的确会耗费很多时间，但整个上课的状态是实实在在地好了很多，而我自己亦会觉得神清气爽、轻松愉悦。果然，人们没有说错，教师是一份悦人悦己的工作。

在这里，我必须感谢我们科组的所有老师，他们诚心接纳我的每一次听课，悉心告诉我该注意哪些内容，又该用一种怎样的方式讲。又想起准备汇报课时的情景，确定好课题之后我便有了第一次试讲，老实讲，当时我还不甚在意，觉得思路清晰了，内容准备好了，也精心制作了PPT，似乎该做的都做到了。于是我颇为自信地上讲台，等到下了课，我才知道事情"大条"了，大家足足给我评了一个半小时的课，从框架到细节，事无巨细，无一遗漏。

接下来便是狂改，而且一改动就去语文课组办公室请教大家，我发现这种"厚脸皮"甚至"不要脸"的做法让我收获巨大。他们不经意间提及的观点总让我灵感一现，如醍醐灌顶一般；而对于让我困惑迷茫不知如何处理的问题，他们也总能给出具体可行的方法。

呀，天知道，我有多感激！感激有这么一个融洽和谐的团体，感激他们不厌其烦我的打扰，感激他们能够抽出时间去看一个新老师紧张而又拙劣的表现，感激他们愿意给我那么多实实在在的建议和意见，感激他们奉献出了他们多年来的经验来帮助我成长，让我少走了许多弯路。我只能在心里默默地感慨：或许，努力才是最好的回馈。

于是我知道了，在某些事情上，你单方面的思考和努力抵不过别人的一句提点。我也知道，"当局者迷，旁观者清"，毛病要旁观的人来找才是最好、最合适的；我还知道作为新人一定要主动，主动开口，主动去寻找帮助，因为很少有人会漠视拒绝一个真心请教、努力向上的人。

这学期遭遇的最大挫折，不是出在我所带的班级，也不是我所教的科目，而是我自身。十一月初，一场突如其来的阑尾炎手术让我慌了神，需要住院一星期，那时刚好是期中考试，紧接而来的便是校运会。这一个星期的突然缺席让我们班的校运会准备工作比其他班慢了一个节拍。等我再回校时，开幕式的节目还没排好，而报名参加运动项目的人数也是寥寥可数，甚为惨淡。结果可想而知，我们班的成绩一塌糊涂，我一方面鼓励他们下次再努力，另一方面也安慰他们不必太过灰心。我说："上帝赋予每一个人的天赋和才华总是不一样的，在某些方面，我们努力追求便能够成为英雄，但在某些方面，我们再怎么努力可能也只能是路人。不必太关注别人，把注意力多放在自己身上，尽量让自己成为最好的自己，在当英雄的时候就努力地奔跑，在当路人的时候就使劲地鼓掌吧！"

后来回头想想，我发现这个道理同样适用于自己。现在的我，新人一枚，菜鸟一只，不懂的东西太多太多，需要学习的东西也太多太多。我告诉自己：不必太着急，也无须灰心沮丧，尽量做最好的自己，做越来越好的自己，做不断前行和进步的自己，这样，足矣。

尽力而为，做最好的自己。

谨以此送给所有和当初的我一样刚入职的新教师。

谢衡辉

　　珠海市实验中学生物教师，现任高一年级副主任，曾任备课组长，有10年担任班主任的工作经验，其中8次被评为优秀班主任。曾获得过学校"周教师之星""感动实验老师奖""优秀阅卷员""金湾读书节优秀读者""珠海市优秀辅导教师"等荣誉称号；曾荣获珠海市中小学青年教师教学能力大赛高中教育组高中生物学科一等奖。2017年带领的高二（16）班被新疆教育厅评为"民族团结优秀班级"。

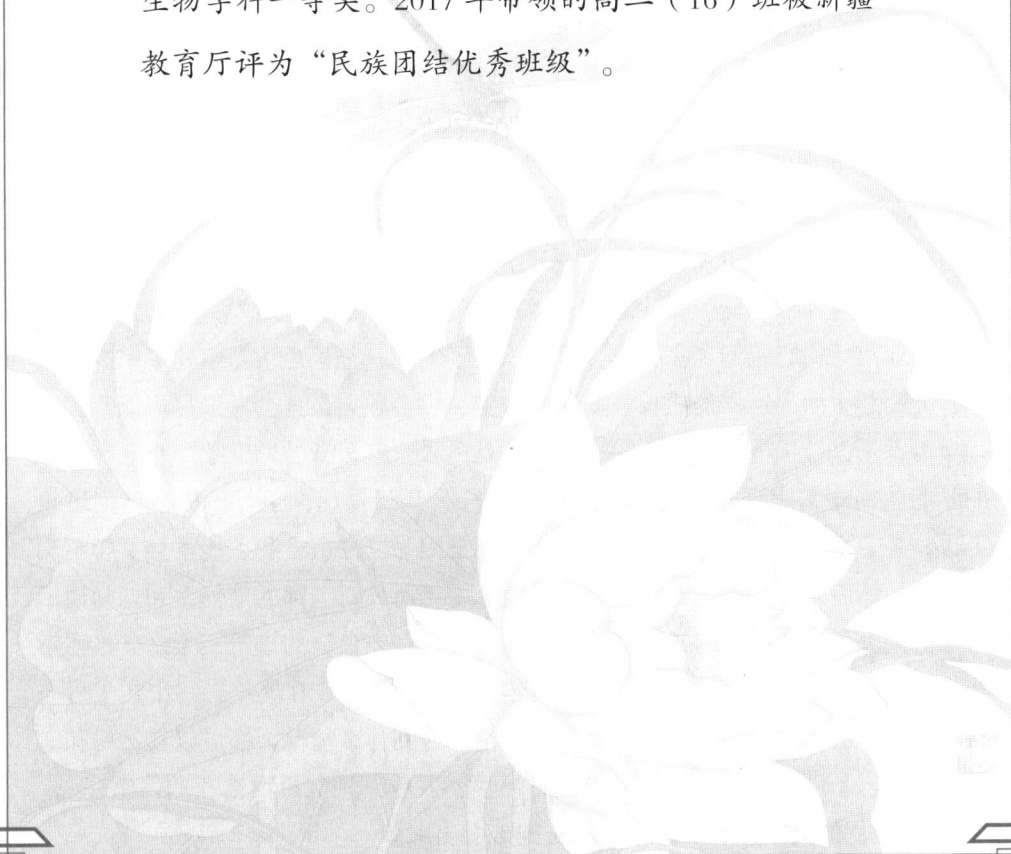

发现在细微处

　　在我的班主任生涯中，还记得有一天晚自习去教室巡查，看到小瑶趴在桌上，我把她叫到教室外面询问具体情况。她说感冒了有点发烧，刚吃了药。我说"针对你这种情况，建议你家长带你去医院检查一下我才放心"，听到我的这个建议，她的反应很强烈。

　　"老师，你放心！我没事的，我家很多人都是医生，我只要吃点药就没事了。"听到她的回复我稍微宽了心，但是我还是说，"你把你的情况跟你爸妈说一下吧"。但是得到的回复是："不用，我家长没有时间，我不想麻烦他们！"我想她真是一个懂事的孩子，但是从她的回复中听到了"麻烦"这个词，紧接着我询问她："你打电话给爸妈了吗？你怎么知道他们没有时间！"她回复没有，我拿手机拨通了她爸爸的电话，我对她爸爸说，孩子现在身体不舒服，有点发烧，建议他带孩子去医院检查一下，但孩子担心他没有时间。她爸爸回复我，"有时间的，我现在在上班，马上请假过来接小瑶去医院检查。半小时左右到学校，你叫她收拾东西在前门等我"。我对她说："你看，我一打电话，你爸爸知道你身体不舒服，马上就放下工作来接你了，说明你爸爸对你很重视呀，很多事情在还没有做之前不用担心出现的结果，也不用担心自己的爸妈没有时间。"

　　后来经过详细的交流，我才知道她家里的情况：在她小时候，她父母由于感情问题而离婚，妈妈回老家工作，重新组建了家庭，爸爸也重新组建了家庭，她和外公一起生活。这样的成长环境让她早熟，学会独立，也会考量尽可能不去麻烦父母，不去打扰他们的生活。这可能就是离异家庭孩子的思维吧。小瑶在平时的学习生活中，表现得和其他孩子没有两样，开朗乐观，学习积极主动，思想上进，是一个让老师放心的好孩子。如果不是因为这件事，我可能不会了解更深层次的她。后来我与她进行了交谈，我说非常感谢你对老师的信任，和老师说了自己的家庭情况和内心的想法。我首先指出父母都爱自己的孩子，无论父母在不在身边，他们的心永远在你这，始终牵挂着你；其次，"麻烦"二字用在父母与孩子间不合适，这是一种责任与义务，无论你遇到什么情况，都可以在父母和老师这里寻求帮助，我们都很乐意。这件事后，我收到她父母发给我的信息，说："小瑶与他们的关系更亲了，谢谢我帮她走了出来。"

通过这件事，我认识到，如果我发现她趴桌后没有及时询问，没留意到她在交谈中使用"麻烦"这个词，就不会知道她的内心世界，也不能让她走出内心的困境。教育是一门艺术，也是一种智慧。身为一名教师、一名班主任、一名德育工作者，若能掌握教育的艺术，方能成就智慧的教育。在学校德育工作实施的过程中，班主任充当着十分重要的角色。每个孩子都有不同的个性差异，都具有各自的特征、个性、爱好、优点、缺点等，而一名优秀的班主任就应该具有善于发现学生闪光点，挖掘学生潜能的能力。于细节处巧妙渗透德育，于细微处体现教育真谛。

抓住教育的契机

学校举行的年级篮球班赛如约而至，我们的心里头只有一个信念——赢！我们一定要赢！只要赢得了和 14 班的比赛，16 班就能挺进决赛。这场比赛对篮球战士们来说是一场至关重要的战役，对啦啦队来说是一次放肆呐喊的机会。就在那一天下午，准备上场的球员们紧张得听不进课，孙同学、邵同学、欧同学在课室后面来回踱步，杨同学、木同学和张同学紧张得全身绷得直直的，班上的同学们像一根根琴弦，仿佛下一秒就要绷断。我们带着必胜的信念，等待着下课铃的响起。

"叮铃！"班上的同学们一声吼叫，喊着"16 班，最帅！"那一刻，16 班拧成了一股绳，一鼓作气。男生们在"16 班专用更衣室"里整理衣服和护具，然后彼此用开玩笑的语气鼓励对方，踏上球场的那一刻，球员全身的每一个细胞都兴奋了。

刚到赛场，对手之间互相打招呼、开玩笑，准备各自的热身运动，各方球员都在不同的球场上练着球，赛场旁的啦啦队凝视着场上的球员们，双手紧握，手心冒出了细细的汗。一声哨声，裁判吹哨，比赛开始了。

他们一上场，就各负其责，抢球的抢球，投球的投球，传球的传球，看得我们眼花缭乱，操场上的加油呐喊声此起彼伏，大家都为自己班的球员呐喊助威。我们啦啦队的气势很强，球场上也是非常激烈，只见每个队员都神情严肃专注，鼓足了劲在赛场上拼抢，争取尽可能多的进球，为自己班级争光。14 班的队员也不甘示弱，他们像一只只凶猛的老虎把我们班的球员团团围住，但是球员们临危不惧，抱着球左冲右撞地跑出了包围圈，那动作活像一只只灵活的猴子。比赛没过多久，意想不到的事情发生了，孙同学（阿龙）负伤，成了一只"裂龙"，可能是完全沉浸在比赛中，直到我们提醒他时，他才诧异地摸了一下嘴角，然后恋恋不舍地离开赛场。时间一分一秒地过去了，比分让对方追得特别紧，几乎只有一两分之差，他们挥洒着汗水，拼尽全力为班级夺得胜利。印象很深刻的是，每次中场休息，杨同学都会拍着别人的肩膀说："我不想'回家'。"

是啊，谁都不想"回家"，但必须有人"回家"，这或许就是竞技的魅力所在吧！

比赛只剩下最后一分钟，我们班落后 14 班一分，所有人都铆足了劲，展现着各自的绝技，杨同学的弹跳抢板，木同学的旋转接球，邵同学的疾风旋影，张同学的花式运球，欧同学的火势进攻。在最后时间内，我们班取得了罚球的机会，只要投进这两球，我们班就能赢得比赛，于是，球员们将这重要的机会给了队长木同学，全场都安静地看着他，我们都知道，作为队长，他承担起了整个球队的"生死存亡"。

在大家的视线下，木同学投出了两球，但是事与愿违，球最终没有投进篮筐。只剩最后 5 秒，只要投进一球，我们就还有胜算。然而，当球飞在空中时，对方球员猛地将球拍往天空，最后五秒就在这紫红的晚霞中流逝了。我们听见了对方班级的欢呼声，欢呼声刺耳地穿透耳膜。我知道，这场战役，我们以一分之差败了。我们班的气氛变得很压抑，我们一直是以冠军为目标而向前冲的，这次的结果很出乎意料，我们也很不甘心，但是这并不是木同学的错，他肩上扛起了很大的责任，同时也背负着巨大的压力，虽然输了，但是他赢得了我们班的信任，就像张同学说的："赢了一起狂，输了一起扛！"

这次班赛对同学们来说意义非凡，赛场上的常胜将军并不是永远不失败，而是能在每次失败中成长。我在班上肯定了他们在比赛中的表现，让同学们给予他们热烈的掌声！相信场上的你们，感受到的是相互之间的信任和默契，还有绝不服输的精神，为整个班级的荣誉去打、去拼，这份荣耀的获得与否已经不再重要，希望你们不要有太多的遗憾，失败是不可避免的，但是这就是人生啊。

在本周的足迹中，我根据这周班级篮球赛的事情，让他们以"信任"为题写自己的心得感受，每个人在足迹中畅所欲言，班上的成员更加团结，心更往一块使，更加努力地学习！在班主任工作的过程中有很多机会，我们要抓住教育的契机，充分调动他们的积极性、挖掘他们的潜力，使他们更加进步！

让孩子自己做主

　　每一位小朋友刚来到这个美丽缤纷的世界的时候，好奇心足以激发他们去发现和探索世界。这个时候，家长要做的角色任务，应该是帮助自己的孩子，而不是强加自己的立场给孩子。

　　我身边有许多的学生和家长，有时候跟某个家长或者学生一起沟通的时候，总会发现他们经常意见不合。"我不管，你一定要给我考上最好的高中／大学，不然你就别学了！""整天只知道玩手机，我看你到时候没有书可以读，就给我去打工！"从这些话可以看出，家长有自己的立场，要求孩子一定要按照他们的规定去完成每一件事情，从自己能看到的角度去批判孩子、否定孩子。"我有在认真学习，我一直在努力，但是我爸妈老是觉得我不努力，每次都说很讽刺的话，弄得我很不开心。""我有自己的目标，未来也有自己想做的事情，但是这些我爸妈都不理解我，总觉得是不好的。"这是我在跟身边的人聊天时，让我印象最深刻的两句话。为什么孩子会有与父母相对的思想呢？每一个孩子都有自己的思考，都有自己丰富的想象力，父母可能认为孩子还很小，不懂社会世界的变化，坚持认为自己做的都是对的。但是父母有没有想过有一天自己的孩子也会长大，需要自己独立，需要自己去探索真正喜欢的事情呢？

　　在学校，孩子会受到身边老师和同学的教导和影响，慢慢地自己思考去学习，去想未来自己喜欢做的事情，去给自己设定阶段性目标和长远目标，同时他们也希望能够实现自己的理想。我认为这个时候家长应该给予孩子一定的支持与鼓励，而不是极力地否定孩子。家长是孩子坚强的后盾，如果连父母都不支持自己的孩子，那么孩子的动力从哪里来？

　　所以在这种情况下，我一般会先问孩子："你有认真冷静地与父母沟通吗？有认真地跟你父母说自己的目标理想是什么吗？"让孩子再度思考这些问题的时候，我会尝试跟他们的父母沟通，"在这个阶段，孩子总会有自己的立场和目标，我们所要做的不是否定孩子，反而应该是监督、鼓励、帮助孩子。如果孩子在人生道路上迈错了步子，我们需要及时指出，让孩子自己思索要如何做。孩子认真地陈述自己的角度，父母认真地聆听孩子的需求，两边同时互补，才能让一个孩子有健康的思维去探索世界"。

　　每一位父母可能是第一次做父母，我们的孩子也是第一次当孩子，他们也会有自己的角度和立场，所以如果孩子和父母能够分别从对方的角度去沟通和理解，孩子可以开心地成长，父母也可以高兴地陪伴，从而父母会以孩子为傲，孩子也会以父母为荣。

你的孤独，虽败犹荣

有一群羊在草地上吃草，一辆车开来，只有一只羊没有去看车静静地吃草，这只羊显得特别孤独。

——郭敬明

孤独，不仅是一个常伴随着你们的话题，还是我上高中以来最大的烦恼。离开家的怀抱，努力融入新的环境，成为每一个高中生必须学会的技能。我知道，你们当中有很多"不结伴就会死星人"，一起吃饭、上厕所、写作业、走路，甚至连梦想都是共享的。我以前也是这样，宁可跟大家一起拖拖拉拉，也不愿意自己一人上路。但我觉得很奇怪，难道这样就不孤独了吗？在深夜寂静的时候，不还是会感受到一个人的孤独和灵魂的寂寞吗？真正孤独的不是行为，是内心。高一下学期分完班，孤独的感觉尤为强烈，强烈到一个人走在校园里就浑身不自在，感觉做事没人陪着就不是自己。

这是一个学生在足迹里的内心独白，也有家长向我反映孩子分班后不适应，觉得孤独，没有朋友。我们也看到这种现象，分班后有的孩子一下课就去找原来班上的同学聊天。针对这种情况，我和班委会的学生商量，准备开主题班会"你的孤独，虽败犹荣"，并邀请家长参加。活动的宗旨是"温暖、感人，要让学生能感受到父母的关怀与温暖，感受到来自老师们的关怀与温暖以及陪伴，明白在学习的路上自己不是一个人在战斗"。

活动的准备：通过微信的方式让家长选择1～2张自认为是孩子成长过程中最有价值和纪念意义的照片，并附带上对孩子的祝福语发到我的QQ邮箱（学生不知道这件事）。收集完照片后，我让班上的电脑高手将其做成温馨感人的视频《我们时刻在一起》，并配上背景音乐《时间都去哪儿了》，还让新疆孩子的家长录一个视频送上自己的祝福。

活动流程：首先是主持人陶同学介绍自己成长过程中感受到的孤独；接着播放《我们时刻在一起》视频，然后播放新疆家长的视频；之后科任老师代表讲话；最后家长代表讲话。

通过这次主题班会，学生们明白了在自己的学习路上，家人时刻陪伴在自己身边，父母时刻关注着自己，老师时刻在身边陪自己学习，身边还有一同奋斗的同学们，"We are 伐木累"。有学生在"你的孤独，虽败犹荣"主题班会之后的周记感悟中写道：

　　我问自己：一个人吃饭有那么难熬吗？一个人走在校园里会疯吗？一个人看云卷云舒、听雨起雨落有那么难受吗？于是我开始尝试自己一个人吃饭、一个人洗衣服、一个人走在路上。我只知道一个人的时候我会思考很多东西，看到平时没有看到的风景，思绪掠过千山万水，可以省下大把的时间，不用处理烦琐的人际关系，跟着自己的节奏走。慢慢地，习惯了孤独，好像也没有那么难熬了。高中生活的学习，本就是一件孤独的事情，没有人可以替你完成，你只能学会自己适应。送给那些现在还觉得自己孤独的人，我想告诉你们，我们都一样孤独。所以不要怕，要学着去习惯，去尝试接受，去试着享受。你可以感到难过，但是不要悲哀。没事的，一个人和一个人的日子，只是一道小坎，终将迈过去的。也许你现在仍然是一个人下班、一个人乘地铁、一个人上楼、一个人吃饭、一个人睡觉、一个人发呆，你却能一个人下班、一个人乘地铁、一个人上楼、一个人吃饭、一个人睡觉、一个人发呆。很多人离开另外一个人，就没有了自己，而你却能一个人，度过了所有。你的孤独，虽败犹荣。曾经我认为：孤独是自己与自己对话；现在我认为：孤独是自己都忘了与自己对话。

　　每个人在成长的过程中都会遇到不同的挫折和困难，有时候你也会被现实击垮，但是，我们需要做到宠辱不惊，学会忍受孤独，学会面对，学会勇敢，然后做自己世界的建造者，从而让自己的生活更加精彩，最后被自己感动。孤独之前是迷茫，孤独之后是成长。

父母最该放下的傲慢与偏见

在一个学生的足迹里，她这样写道："我这次考试成绩太差了，拿着成绩单回家，觉得不好意思见父母。刚回到家，父母问我的成绩，问我退步的原因，'你这次考试怎么退步了100多名，你上次都是90多名呀，这次200多名，你有没有总结自己的问题呀？'我回复爸妈：'这次考试不仅难，对于我来说，题量也大，我都做不完！我正在找办法！'父母听完我的回复，让我把成绩单给他们看。看了成绩单后，父母抱怨道：'理综和数学加起来200分都不到，唯一能看的是英语和语文，可是还是没有别人好呀！是因为男女生交往过密，还是因为舞蹈耽误了你的学习，或者是因为玩手机耽误了学习？'我向他们解释自己没有谈恋爱，而且兴趣和学习是分开的，认为舞蹈和手机都没有影响我的学习。但是父母不听我的解释，没收了我的手机，我感到很伤心，学习也没有了动力。"

针对这种情况，利用学校开放周的机会，我特意设计了班会"理解是虹，架起尊重之桥"，班上孩子的家长都参加了。我首先把学生足迹的内容设计成情景剧，让刘同学与邵同学表演；接着孙同学给大家朗诵诗歌《牵一只蜗牛去散步》；然后针对成绩展开换位思考，如果你是父母，你孩子的学习成绩一直上不去，你会有怎样的想法？你会怎么做？邀请学生以父母的身份说出自己的想法和做法。如果家长是孩子，你做出了很多的努力但是成绩上不去，你的父母责怪你，你会有什么样的感受？邀请在场的家长来回答。

这次主题班会最大的收获就是让学生明白了自己作为父母是怎么对待成绩这件事的；也让家长知道自己的孩子非常优秀，有一颗上进的心，只是他们疏于发现，冷落了对孩子的教育与引导。只有当我们放下做父母的傲慢，才能看见自己的问题：自己不是什么都对。养育孩子的过程，是一个将自己的问题暴露出来的过程。为什么你总是容易生气？为什么你总是忽视孩子的真实需求？为什么你不喜欢孩子顶撞自己？成年之后，我们经常以为我们已经学会了很多，可以生养孩子了，没有那么多问题了，但是真实的养育过程会让我们发现自己的新问题，你真的可以控制自己的情绪吗？你真的了解自己的行为吗？你真的能够教导一个孩子吗？

父母先天将自己放在主导的位置上，就会非常容易忽视孩子的主体作用。我们可以主导孩子的教育，靠的是自己在世界上多活了二十多年的经验，但是别忘了，也许我们所得来的经验只是一种偏见呢。师范学生在学习"课程与教学"这门课程时，都会接触到一个概念，孩子在教学中起主体作用，教师起主导作用，放在家庭中也一样。孩子是教育的主体，只有充分尊重孩子的主体地位，父母的主导作用才能得以发挥。孩子是一个活生生的人，而不是一个木偶，不可能完全按照父母的意志存在。只有明白这一点，父母才能和自己的期待和解，真正按照最适合孩子的样子去引导。

放下傲慢与偏见，以平等的心去聆听孩子的声音吧！父母能给予孩子最好的礼物就是当孩子面对困难与挫折的时候，他们有足够的信心和底气去挑战，那是他们心中早已坚信永远有人信任自己，永远有人愿意理解包容自己，永远有人站在自己的身后为自己加油喝彩！像人生中的一束光，永远不会熄灭。

让我们给爱自由

　　舐犊之情，至真至纯，世间父母，皆爱其子。然而，爱也需要讲究方式，否则就可能成为一种负担，激起一种怨愤。我还记得一位家长向我抱怨：现在的孩子怎么不懂得感恩，不懂得父母的辛苦，接他回家吃饭，辛辛苦苦准备一桌他喜欢吃的菜，结果他给我耍性子，发脾气不吃，真是让我心碎。

　　我问她事情的经过，才了解了问题的根源。下面我先还原事情的经过：由于我们学校是寄宿学校，学生只有周六回家与父母团聚。父母接孩子到家后，开始精心准备丰盛的晚餐，孩子一边玩手机一边等待晚餐。家长看到孩子玩手机就开始抱怨道，"儿子，快点过来吃饭了，不要玩手机了。一个星期只回来一天，吃个饭还要拿着手机，催几次才来"。孩子听到母亲的抱怨慢吞吞地来到饭桌旁坐下，一边不耐烦回复道："知道了，知道了，马上来。"一上桌，妈妈一边夹菜一边询问他在学校的情况："最近在学校表现怎么样呀？这都是我煮的有营养的东西，看你现在的样子，眼圈都黑了，人都瘦了，是不是在学校没有认真吃饭？快点，快点，吃多点，好好吃呀，像我们读书的时候还吃夜宵，看你们肯定没夜宵吃！"不管儿子是否耐烦，一边絮絮叨叨地说。儿子很有耐心地回复着妈妈。这时妈妈来了一个"神补刀"，吃多点，别老是玩手机，学习成绩没有上去！孩子反驳道："没有经常玩手机，只是晚上才玩一下。"家长还使劲地给孩子夹菜，孩子这时生气了，甩了一句话："你给我夹那么多，我怎么吃呀，我不吃啦！"看到这样，家长也闹心了，想着好不容易才做那么多好吃的给他，他不仅不吃还闹脾气，多闹心呀！这个场景我相信在很多家庭都发生过。

　　针对这种情况，我利用班会课的机会，邀请一些家长来参加，特意设计主题班会"别让爱成为一种负担"。首先，我把家长向我抱怨的这件事情设计成小品《餐桌上的矛盾》，让学生和家长共同表演。表演完后设计问题：看了这个小品，你是不是深有感触？你是怎么处理的？

　　下面我们来一个角色互换，如果家长是孩子，你会怎么处理？我们来听听家长的做法。

　　如果你是家长，你会怎么做？邀请学生以父母的身份说出自己的想法和做法。最后，陶同学作以下总结：

他们让我吃这吃那，只希望我能身体健康。

他们让我别做家务，希望我能在周末好好学习。

他们让我少玩游戏，比我更担心我的眼睛。

他们让我好好学习，希望我有一个更美好的明天。

他们甚至废寝忘食地工作，只为了让我有一个更好的未来。

这次班会后，这个向我抱怨的家长给我发了一条长长的微信："谢谢你，谢老师！通过参加你组织的这次班会，我知道了，爱会成为负担！太多的时候不是不爱，而是太爱，就是因为太爱所以太在乎，太在乎就会让对方有压力，甚至感受到强烈的压抑感和窒息感，爱就会变成负担。我以后会注意与孩子的相处，不让我们对他的爱成为负担。"

如今社会，作业量的繁重、分数的压力、升学的竞争、父母乃至整个家族的期望，以及获得群体认同感所需要付出的努力，都给孩子们带来了巨大的精神压力。父母不应该再给孩子附加额外的物质压力。一顿轻松的美食享受、一份纯粹的礼物赠予、一份无声的爱心关怀，会让孩子觉得更有意义、更开心、更感激。当孩子发自内心地感受到父母为自己付出的辛劳和操心，而不是靠父母言语的刻意强调和暗示提醒时，他们会将那份感恩自觉内化为学习成长进步的动力。这样的话，孩子们的学习生活行为就会少些功利性，多些积极性和主动性，不要让我们的爱成为孩子的负担，让我们给爱自由！

养成正确的独立人格

自我价值的追寻、独立意识的觉醒是我们高中时代与学习并行的主题。虽然这个阶段大家并不能够真正开始追寻自己的价值，被局限于高中之内，但相关浅显的思考——自己人生之为何与愿意为之努力的决心在我看来是必要的。

当然，这不是在否认学习的重要性，而是我认为这样的一份思考，这样对于今后人生的一份粗浅设想，在我们的高中生活里起到催化剂的作用，无论是生活还是学习，都有作用。

在高中校园里，不乏许多不学无术的学生。他们天天白天上课睡觉，晚上倒精神起来，于手机屏幕前通宵。是因为校园里的学习氛围不好吗？不是的，同宿舍的同学有排名年级前列的，班级里的同学也没有因他们成绩不好而刻意排挤他们。他们是平时被老师所排斥吗？不是的，反而是当他们做出一些改变后，老师更容易注意到他们，鼓励他们。可见，他们在校园中客观的生活条件并不是构成这群传统意义上的坏学生的必然导因，那再往上追溯，就是他们个人问题了。

所以说在高中阶段，家长能做什么？除了对于孩子的经济支持，以及必要的心理疏导之外，对于孩子独立人格的塑造，也是必不可少的。我认为，家长还应做到以下两点：

一是适当地向他们传达社会的真实生存样态，理解当下生活的来之不易。这样做不仅能够让他们形成初步的世界观，还能让他们提前对自己的象牙塔有所突破。要让孩子意识到自己现在的生活并不是理所应当的，提前对今后社会生活有所认识，从而自发去改变，调整当下的学习状态。最好是能让自己有一个确切的目标，使得自己学习的目的性也随之更强。

二是让孩子意识到为什么要学习，学习对于他们的人生有什么样的作用。不少学生看见那些整天游手好闲的学生抑或是艺术生总是会心生羡慕，有意识地去模仿他们的生活或是去质问自己的父母为什么自己不能与他们一样。这个时候适当地让孩子意识到自身条件和自己家庭的条件，不失为一种最佳的选择。他们可能会有一定的沮丧，但同时也能意识到学习在他们自己的人生中处于一个怎样的重要地位。很多学生都知道我们要学习，却不知道为什么要学习，往往只是因为耳濡目染，人云亦云，因而在思维上也跟着"人云亦云"，脑子想着，手就待着。当孩子们认识到学习对于自己人生的重要性时，其学习行为才能化被动为主动，主动去学习，才能更好地在学习中成就自己。

高中时期，是学生叛逆最为鼎盛的时期。在这个认知能力增长，逆反心理增强的时期，父母不应该只是作疏导、陪衬，这样无异于让孩子放任自流。应该要有一定的主动介入，助力孩子独立人格的形成。如果当时我舍友的父母不是只在意他经济上的问题，还纠正他特立独行的错误"独立"观，想必他能上一个正常的本科，不会最终堕入歧途。尽早地认识到自己日后的独立生活，不仅是思想上的独立，更多的是社会关系——经济、住房上的独立，提前为今后的人生做一个初步的设想，有一个规划，就不会像现在这样有如此多虚度光阴、浑浑噩噩的学生。明白自己要做什么，并为之努力，才是有效做功，才能有一个光明的未来。

相信努力就会有回报

"哎呀，你昨天几点睡的啊？"

"哟！你还不知道吗？他天天回宿舍学习到 12 点后才睡。"

"啊……不止呢！听说他还早上 5 点钟爬起来学习呢！"

"哇，太牛啦！"众人惊呼、惊叹、讪笑，不知是嘲讽还是真正发自内心的感叹。

"别卷了，别卷了，能不能给我们一条活路。"

"欸，你就算那么卷，你也考不过那谁！"

这是我经常遇到的一个场景，我就是那个上面诸般话语语义指向的对象。也如上面所言，我确实是这样玩了命地学，我倒对自己没那么在意，他们却对我关怀备至，只可惜他们不是异性，不然的话也好叫我自喜一番。不知从什么时候开始，大家就总喜欢拿我开刀，当然此般场景在其他爱学习的学生身上也经常出现。民众的大刀向努力勤奋者挥去，这幅场景颇为怪诞，一想到这是发生在我身上的事，想笑却又顿住了。

这是一名学生在"足迹"里向我写的事情。

看到他写的内容，我找到了他，首先肯定了他的做法，然后给他看刘同的《我们为什么要读大学》一文，希望他不要在意别人的态度，明白高考的重要性。经过我们的谈话，他后来在"足迹"里给我写了这样的感想：谢谢你，谢老师！通过与您的交谈，我更明白努力的重要性，面对某些同学这样的话语，我不再产生波动，反而更加努力，因为我知道高考的可贵，所以，不会让努力成为污名性标签。

首先，要纠正一下何为内卷，他努力，我也努力，这才叫内卷。所以，当别人称我"内卷"时，我往往是不以为然的，因为不是我的行为有问题，而是他所做的努力不足。其次，我要指出一股风气。这股风气很是奇特，大家喜欢阿谀奉承有钱人、有天赋者，却对脱胎于他们之中，靠着努力一步步走上高位的普通人报以厌弃攻击。现在，时代背景下，又诞生出"内卷"这个网络热词，更进一步让人为自己终日幻想、摆烂找到借口。可算是完满，可算是为自己的失败找了一个符合逻辑的回环。这种东西终究只能骗骗自己，身为家长，看到孩子被这种思想蒙蔽，要及时指出，并协助其走上正轨。强调尊重和争做努力的人，靠自己的双手去改变命运。无论什么时代，努力都不是一件丢人的事情。你遭到了别人的冷眼，是因为你的成就让他们感到丢人，因羡而生妒。同时，一个普通人想要晋升，实现阶级跨越的必要条件也是努力，而不是终日空想，只模仿成功人士的生活而不复刻其奋斗历程。

　　高考重要吗？当然重要，而且极其重要。人生的道路上，未来还有很多坎，肯定比高考还要难，因为它们不如高考那么纯粹、那么公平，人人站在相同的起跑线上，面对同样的竞争环境，你单纯通过拼搏勤奋，就能获得优异的成绩。步入社会后，你会发现很多事即便努力了也是无效的，因为种种条件的差异、社会的各种潜规则，你不再拥有公平竞争的机会。不会像高考这样，有一群同龄人和你一起战斗，有老师带着你们奋力向前，有家长在背后做你们的强大支援。高考的可贵，就在于它的纯粹，所以一定要把握最后的时机，在最纯粹的竞争中，漂亮地尽力地拼搏一次。我们要相信努力就会有回报！

爱，本不应该深沉

我的父亲总喜欢把我成长中的事情丢给我自己解决。我与同学发生矛盾了，我想找他疏导，他永远都是让我找自己的问题。有时明明我是没有任何问题的，单纯被陷害罢了，解释却是苍白的，他不相信我，也懒得听。嗯……我知道他平时工作忙，但在那个成长阶段，我就是渴望他的帮助，哪怕是一句平心而论、真诚的理解。慢慢地，我的思维开始夹杂着猜忌，为了减少矛盾，伪装也成了我的心声，将真正的自己隐藏，有时候为了刻意地隐藏，还会有意识地疏远自己的朋友，只有在一个无人的角落，自己才能完全安心。

我的父母喜欢打击性教育，总是喜欢说些小孩子不喜欢听的话。我考得好了，没等我提出想要什么奖励时，我父母便跟我讲起一山更比一山高，对我想要的奖励、短暂的满足，避之不谈。可能有人会问为什么我不主动提及我想要的？因为我一旦提及了，便被认为我懈怠了，得寸进尺。考得不好，就更别提了，少有安慰，多是骂我一通，把我关起来让我自己反省，更加剧了原本考差的痛苦。"学生嘛，学习是天职，学习是为了你自己，是为了以后你自己的生活"是我听到过最多的话。

的确，这句话，等到我上了高中，尤其是在现在，感触颇深。但是当时呢？我不知道什么是海阔天空，也不知道什么是生存疾苦，只知道我想要的那个东西得到了我会很快乐，只知道看着其他小朋友玩我会很羡慕，只知道眼前的家是我的一切，只知道我必须通过它来获取我想要的。但这条路被父母堵上了，并让我知道了我想要的东西尽是懈怠，知道了努力的尽头是开脱，知道了所谓优秀竟一文不值。

"呐，忙了六天，姑且回家的这个晚上好好放松一下吧！"

但爸妈看到被自己寄予厚望的孩子在玩乐，在干着他们思维中并不能对孩子未来有正向影响的事情，难免会大动肝火。

这是一个孩子在"足迹"里给我写的内容。

中国人总是含蓄的，这句话我想在大多数家长身上适用。同样地，破除孩子的不自信，关键也在于破除这种含蓄。大多数家长不会表达自己对孩子的爱，认为让孩子在物质上不比其他孩子差，时刻敦促着孩子学习，便已尽到父母之责任。当孩子遇到问题，父母没有正确地引导，当孩子遇到挫折，父母没有尽职地开导，父母总是认为自己已经为这个家尽心尽力，孩子应该理解。这个时候就很抽象了，一个有着健全世界观的成人，如今竟祈求一个尚处于象牙塔里的、对世界尚未形成完整认知的孩子反过来理解你。其中荒谬我不再赘述。

当然，很多人说父母之爱是沉默的，在我们背后，在我们无法感知之处默默付出，极其伟大。这个我当然认可，但是，这都是大家长大成人，甚至是自己当上父母的时候才突然感悟到的，这是伟大的，而处于成长关键期的孩子所需要的不是这种沉默的伟大能填满的。在他们的成长关键时期、关键的那一刻，所需要的往往不是物质，不是虚荣，不是自己的未来及远方的一切，而是家人的一份理解、包容，是那个唯一的家能给他的归属感，是家的怀抱！照亮你前进的灯固然重要，当你即将堕入深渊，那拉你一把的手同样也不可或缺。

"爸爸也是第一次当爸爸。"这句话当年感动了无数人。但要记住，这是一句主人公父亲的忏悔，并不是为自己当下所行错误之事的开脱。我们会在什么情况下说出这句话？事态已定，无法挽回时。我希望家长永远不会当着孩子的面讲出这句话，所以请诸位放平心态，你是第一次当家长，孩子也是第一次当孩子，大家互相坦诚一点，相互包容，互诉衷肠。亲子间本应是最为亲近的存在，不应有隔阂，将自己对孩子的爱——那暗地、背地里的爱摆上台面。爱，本不应含蓄、深沉。

彭　鑫

　　珠海市实验中学教师，北京师范大学硕士研究生，珠海市教育学会历史专业委员会学术委员，珠海市高中历史中心组成员。从教 11 年以来，连续 9 年担任班主任工作，曾荣获珠海市先进教育工作者称号，多次被评为珠海市实验中学先进教师、优秀班主任，曾荣获第二届广东省中小学青年教师教学能力大赛历史组三等奖，2013 年、2019 年珠海市中小学青年教师教学能力大赛历史组一等奖，2016 年历史微课大赛高中组一等奖（第一名），2019 年珠海市"四有"老师演讲比赛二等奖。多次承担市级教学公开课、市级考试命题工作，主持或参与省级、市级课题多项，发表国家级核心期刊和省级、市级教学论文多篇。

我要成为你生命中的贵人

2003 年 6 月，我高考前一周，班主任孙建华老师带着我们早上 4 点 50 分从学校出发，一个半小时后，我们登上了学校附近海拔近 300 米的山顶，看着太阳缓缓升起，仿佛整个世界都是我们的，我永远都记得那一刻。看着班主任额头上的汗水和灿烂的笑容，我问孙老师："老师，我想高考志愿填报师范类，像您一样，成为一名老师。但是我家人觉得老师收入不高，您觉得我该怎么办？"孙老师笑着说："对于商人来说，他的目的是挣更多的钱。对于老师来说，我的目的就是塑造更好的你们，你们就是我的财富。"这句话像烙印一样烙进了我的心里。我很幸运，遇到了一位好老师，一位影响了我的人生的好老师。

那年高考志愿我报考了师范类历史教育专业，2012 年研究生毕业来到了珠海，我开始了真正意义上的教师生涯。我把苏霍姆林斯基的一句话"没有爱就没有教育"作为我的信条。那个时候，我对自己说，"你要努力，相信自己一定会成为一名好老师"。

今年是我从教的第八个年头，时光荏苒，一晃八年过去了，这八年中让我感触最深的是我的第一届学生——2012 级文科 16 班。我依然记得第一次班会课上对着他们说，同学们，我是你们的班主任、历史老师，更是你们的兄长和朋友。我会用我的爱去陪伴你们。

接下来的时间，我用心备好每一节课，细心批改好每一本作业，耐心辅导好每一位学生；我每周平均至少三个晚上到班看晚修，几乎每天早上陪他们早读；我尽可能利用一切课间、晚修找学生谈心。为了让男生宿舍内务整理得更好，我甚至在男生宿舍住宿一晚，这成为当时轰动全校的大新闻；为了培养班级团队意识，高三一学年的跑步，我一次不落地陪他们跑到高考；为了让他们应考心态平衡，每次大型考试，我都全程陪在他们身边。可以这么说，这一届学生是我从教以来花费心力最多的一届。

我想付出如此多的努力，班级会很棒，成绩也应该是不错的，很遗憾，事实证明，付出并不一定与成绩成正比，我付出了我认为能付出的最大心血，结果却让我有些心灰意冷：学校一个月评一次的文明班除高一阶段拿过两次外，高二高三一次都没有拿过。班级每次考试成绩虽说不是垫底，但都是倒数。最后的高考也低于预期。没有经过反思的生活是不值得过的，我开始了深深的反思：我出现了大多数年轻教师都容易出现的问题，没有正确把握好师生关系的度，温情多过严厉，学生对我缺乏敬畏之心，导致班级执行力大打折扣。如今，每当想到他们，我都心生愧疚，如果他们遇到现在的我，一定会更好。

我的第一届学生余同学在给我毕业留言中这样对我说："从来没有见过、感受过如此勤奋而富有激情的老师，与其说是老师，更像一位亲哥哥、朋友。对以前的班主任更多的是敬畏，而对您更多的是亲切。这三年，您为我们 16 班付出了太多，我们都看在眼里、记在心里，我们很庆幸在 16 班遇到了您这么一位激情、有爱、勤奋的班主任。"

没有一种经历是白过的，这些都成了我的教育财富。接下来的一届学生我不再与他们"打成一片"，我变得更加沉稳、理性但又不失温情；我不再大水漫灌式地陪伴，而是抓住关键点，注重对学生有效陪伴；我不再漫无边际地四面出击，而是和学生一起确定班级目标并一起实现它。功夫不负有心人，他们在各方面都有质的提高，我不敢说他们的成绩最好，但是他们的学风和班风绝对是最优秀的，也是最有爱的。我的每一名学生都会在我生日和毕业之际给我留下一本厚厚的留言本，毕业了，他们仍然会三五成群地来学校看我，逢年过节也会时时问候我。当我想他们的时候，我也会翻翻他们留给我的照片和文字。2018 届 4 班的沈同学这样写道，"老师，我是一个内心很弱小的人，敏感、多疑、情绪化，从您身上，我真真切切感受到了什么是责任、什么是成熟、什么是担当、什么是毅力、什么是优秀、什么是善良，我不仅学到了知识，还学会了如何做人，如何做一个有担当、有理想、正义的人。遇到老师您，是我的幸运，是我们 4 班的幸运，我们爱您"。每次看到学生留给我的文字，都有一种慢慢的幸福感和自豪感，教师真是一个播洒爱又收获爱的职业。

我终于明白了我的高中班主任孙建华老师为什么要带领我们一起攀登高峰，去迎接旭日东升。我们看到的那轮照耀大地的太阳，点燃了我们对高考的信心、对未来的渴望。其实他带领我们攀登的是人生的高峰，只要你坚定地向山顶进发，就一定会"一览众山小"。我想我终于真正理解了孙老师的那句话："对于老师来说，我的目的就是塑造更好的你们，你们就是我的财富。"我要感谢我的班主任孙建华老师，他是我生命中的贵人。

而我会一直努力下去，用爱把自己的温暖、情感倾注到每一名学生身上，用自己的学识、阅历、经验点燃学生对真善美的向往。我会像孙老师一样，继续点亮一盏盏教育的明灯。那个时候，我希望我教过的每一名学生都能对我说："彭老师，遇到您是我的幸运，您是我生命中的贵人。"

如何看待家长对班级管理的"干涉"

苏霍姆林斯基说过："没有家庭教育的学校教育和没有学校教育的家庭教育，都不能完成培养人这样一个极其细微的任务。"所以家校要构建一种共育机制，才能拧成一股绳，形成一股合力，为孩子成长赋能。但在实践过程中，班主任经常遇到家长"干涉"班主任的工作，特别是对班级教育教学管理提出"尖锐问题"，我们如何看待和处理家长提出的"尖锐问题"？

一、家长角色和问题区分

从某种意义上说，一个班级不是班主任一个人的班级，而是包含班主任、科任老师、家长、学生等各方，班级管理事宜也不仅仅是"班主任的工作"，还是学生的工作、家长的工作、科任老师的工作。他们对班级管理提出的问题和建议，是一种正常地"共营"班集体的体现。我们不能简单地把家长的建议和问题定义为"干涉"班主任的工作，这个论题本身就已经把家长放到了对立面上。所以无论家长说什么，我们都要予以尊重和理解。家长说得对，我们要取其精华；不对，我们也要保护好家长参与的积极性。

那么，对于家长在班级管理中提出的"尖锐问题"，班主任应该如何看待？如何妥善处理呢？

在看待处理家长"尖锐问题"之前，我们首先要把家长的"尖锐问题"分成两大类，如下表所示：

问题	案例
客观存在的问题	宿舍内务、纪律差，影响自家孩子生活和睡眠；晚修纪律差；班级电脑平台频繁出故障影响上课等
主观类个性问题	自家孩子因为个人原因能否固定安排在前排就坐，坐在后面对眼睛不好；建议班级弄一个饮水机，家委会出钱买桶装水让孩子喝水更方便、安全；能否周六不自习或者周末两天都待在学校自习等

对于客观存在的问题，班主任们要认真对待，而且要及时整顿处理、及时反馈。对于主观个性类问题，班主任要有自己的主见，根据学校班级实际教学管理

情况，与家长沟通，做出理性的解决方案。比如，班上有一个家长向班主任反映自己的孩子眼睛近视，对此要求班主任把孩子座位固定在班级前排，而班级管理是每周进行一次座位轮换，既体现公平，又能让所有学生避免因固定视觉导致的眼睛斜视问题。考虑到这位家长的孩子本身情况并没有很特殊，所以不能因一人而破坏这一制度。一方面跟家长介绍了班级座位轮换制度的好处和实施情况；另一方面告诉家长孩子上课如果看不清也可以临时坐在教室前面听课，以打消家长的顾虑。在班级管理中，如果家长提出了"棘手问题"，要与家长共情沟通，积极主动地化解问题。

二、心态转变和沟通合作

在当今社会，家长对孩子的教育重视程度较之前有很大提高，虽然大部分家长没有专业的教育理念，但是有一颗全身心为孩子的心，他们在工作之余把很多精力投入到对孩子成长的关注和参与到学校班级管理中。对于经常有家长打电话给老师提意见，甚至出现"尖锐问题"，我们首先应心平气和地倾听，换位思考，告诉自己："家长不是在干涉我的工作，而是在关心一个孩子的成长。"进而站在家长爱孩子的角度想问题，理解家长的担心，进而产生共情和同理心：学校是孩子成长必经之地，学校教育是家长不得不做的选择。纵使你才华横溢，纵使你富可敌国，纵使你位高权重，都必须把自己的孩子送到学校接受老师的教育。孩子可能会被同伴影响性格，可能会被老师改变价值观，一切的不确定性让家长们分外担心，于是格外关心孩子，关注老师和学校。

老师对家长有同理心，家长觉得被理解，那么很多问题都会因为共情而变得简单。对于班主任老师来说，我们要理解家长的担心，所以要用真情打动家长，用行动说服家长，让孩子们开心，让家长们放心。

班主任在工作中一定要积极主动地把工作做在前面，化被动为主动，充分利用多种形式的家校合作方式，努力营造尊重、信任、互动、合作、融合的家校共建氛围，切实承担起孩子成长的家庭教育职责。

应对家长"干涉"问题的解决措施

措施	作用	原则
班级微信群、公众号及短视频	运用多种方式加强家长对学校的了解，采用多种渠道发布班级消息，让家长全方面了解班级的发展和孩子的成长。因为了解，所以理解；因为理解，所以没有误解	班主任、学生及时发布班级新闻，每学期期末把班级日志（编年史）装订成册发给家长，信息发布尽量做到全方面涉及（学习、生活、活动、比赛……）和全员发布

（续上表）

措施	作用	原则
家委会	通过家委会提供正能量舆论引导、班级管理辅助、后勤物资支持	每个学期初（班级管理、目标、需要家长参与的事项）和学期末（学期总结、家委会工作总结）要召开一次家委会
班级大会	家长、学生、老师召开的班级会议，实现统一思想、凝聚共识、携手奋进	（学期中段总结）线下一次、（学期总结）线上一次。
家长专题茶话会	通过专题茶话会的形式把相关话题的学生家长集中在一起讨论班级管理的重点共性难题，体现协商、共享、合力的原则，一起解决班级管理中的问题	对手机管控、宿舍纪律、家庭教育、职业生涯、偏科补习等专门话题进行讨论。

上表介绍的是家校共育中个人实践做法，总的思路就是要积极主动地构建家校共育机制，把所有问题扼杀在萌芽状态。在出现问题时，通过积极主动的协调、沟通来实现思想统一、凝聚共识、携手奋进，以达到家校共同为班级出谋划策，为孩子成长赋能的目的。

三、学生认同与问题解决

以上家校沟通措施是解决家长"干涉"问题的个人实践措施。但从根本上说，家长对班级管理的"干涉"和"指手画脚"根源在于自己的孩子，家长对学校、老师的了解多数出自孩子之口，孩子的一面之词很大程度上决定着家长对老师、学校的看法。所以，要从根本上杜绝班级管理中家长的"指手画脚"，班主任必须投身到班级管理与建设当中，去营建一个团结、守正、有精气神的班级，让孩子们看到自己的老师多有爱、多勤奋，自己的班级多团结、多优秀，这样孩子们就会有很强的获得感和归属感，进而产生认同感。家长同样能从孩子身上感受到这种踏实和认同，

家长和学生认同感的来源，一方面来自班主任，另一方面来自班级。我们班主任要做的就是通过实际行动让学生感受老师对孩子的付出、对孩子的爱；与学生一起制定目标，一起风雨同舟，乘风破浪，形成有爱、团结、奋进的班集体，才是解决家长过分"干涉""指手画脚"的根本途径。离开了这个，一切应对家长"干涉"班级管理的措施都是花里胡哨，一切单独个案的解决也都难以维续。按下葫芦浮起瓢，问题层出不穷。因此，班主任要宏观把控，整体协调，关注个别家长的意见反馈，共建和谐家校合作生态环境。

熊　波

　　珠海市实验中学团委书记，曾荣获广东省优秀共青团干部、珠海市优秀共青团干部称号，获得珠海市心理教师专业能力大赛二等奖；主持或参与多项省级、市级课题，发表论文 3 篇。个人理念：每个人都有一株玫瑰，只是需要知道如何放置，怎样浇水，如何施肥，怎样保护，终会有一天，绿丛之中，玫瑰绽放，芬芳满溢。

资优生为何喜欢"玩猫"

一、个案概况

小华（化名），男，18岁，高三物化生班理科生，为家中长子，还有一个弟弟，本地户籍。喜欢数学、物理，成绩波动比较大，考得好时可以考到年级前10名，考得差时只能考到年级前50名，性格内向，话少，在班级没有朋友。亲子关系糟糕，和母亲两年没说过话，最近班级刚刚换座位，没有人选择和他做同桌，他很伤心，晚上也睡不好，上课时无法专心听讲，下课后就去"逗"猫。

二、心理评估

（一）自我认同感很低

小华是家里的长子，自从他的弟弟（现12岁）出生之后，他一直觉得父母偏爱自己的弟弟，不爱自己，为此他特别讨厌弟弟，认为弟弟很吵，和父母关系就更加糟糕了。

上高中之后，每逢学期末的模拟考试，小华考得都很差，成绩波动很大，这让小华产生了心理阴影。本学期，高三第二次四校联考，数学、物理这几门优势学科他均发挥失常，为此他很挫败。而小华这段时间很认真学习数学，但是优势学科数学考试成绩一直在下降。他将考得好的原因归为运气好，将考得不好的原因归为自己能力不行，自我认同感很低。

（二）社会支持系统薄弱

小华在高中谈过一个女朋友，但是两个人相处不到两个月就分手了，为此他难过了一年才慢慢走出来。高一的时候，小华和室友相处愉快，而后几乎不主动与同学交流，在学校几乎没有什么朋友。在家里，他和父母几乎不交流，高三以来，随着考试次数增多，学习节奏加快，小华的学习焦虑情绪越发强烈，而小华的同伴支持系统、父母支持系统是缺失的，这让小华很孤独，学习焦虑情绪无处释放，只能去"玩猫"。

三、辅导过程

（一）建立关系，聚焦目标

首先，小华经班主任介绍来到心理咨询室，初次见面，我对小华采取倾听、共情、无条件接纳等方式，帮助小华充分宣泄释放自己积压的情绪，让小华觉得心理咨询室是一个安全、温暖、放松的场所，建立我和他之间的信任关系。

对于小华讲述的情况及其困扰作了初步归纳：小华有非理性信念，比如：以偏概全，糟糕至极；归因方式有问题：他将成功归因为运气，将失败归因为能力。

小华对咨询的期待是缓解学习焦虑、孤独感。为了具体化小华的期待，咨询双方进行了更具体的讨论与目标聚焦，确定双方的辅导目标为：主动和同学交流；用理性信念取代非理性信念。

（二）表达情绪，正确归因

辅导过程中，小华多次情绪低沉，表情凝重，声音颤抖，心理老师耐心等待、询问、倾听、共情。例如，"当你和猫在一起的时候是什么感觉？""你的声音刚刚在颤抖，我感觉你可能有些失落""从小到大，你一个人是怎么熬过来的？""如果我是你，在这种情况下，我一定会特别伤心"等。心理老师用这样的询问与关注，试着走进小华的内心世界，允许他表达自己的情绪。

当小华的情绪宣泄之后，双方就其和小猫的互动过程进行探讨，让小华明白其实他需要朋友进行交流。同时，双方就其对成绩的归因与非理性信念进行讨论。心理老师引导小华用曲线画出高三到现在的成绩动态变化，让小华客观具体分析每次考试中自己满意和不满意的部分及具体的原因。在归因分析中，小华自我评估基础知识大概有70%是能够掌握的，为了显示自己的特殊之处，他喜欢钻研数学难题，而忽视基础知识，耗费了大量自习时间。英语和语文是他的薄弱科目，成绩不稳定，学习的时间也不够。心理老师引导小华要正确对待自己的优势和不足，合理分配学科的学习时间。同时，要接纳成绩的动态变化，正确对待考试，考试是查漏补缺的测验，高考前的任何一次考试都是用来帮助自己查漏补缺的，我们要做的就是沉下心来总结每次考试的得与失。

（三）人际支持，力量之源

鼓励小华加入班级学习互助小组，通过与班主任沟通，让班主任和科任老师多留意小华。班级学习互助小组也欢迎小华的加入，小华的优势科目是数学和物理，他也愿意帮助同学，这样可以让小华有更多与同伴互动的机会。

　　和小华父母交流，让小华父母多花时间和小华交流，主动和小华聊轻松的话题，让小华感觉父母是爱自己的。

　　最后，小华表示心理辅导让自己的情绪得到宣泄，对自己有更多的认识，有勇气和父母、同学交流了，心态平稳了。

向"左"走还是向"右"走

一、个案概况

（一）个案基本信息

高一学生珍珍（化名），女，15岁，家里排行老大，有一个小8岁的妹妹。成绩在班级排名中等，性格外向，班里的人际关系尚可，有几个要好的朋友。从小学画画，有画画的基础。

（二）个案的问题

珍珍高一下学期要面临新高考选科，更重要的是，她要在文化和艺考之路之间做选择，非常纠结。目前她的文化成绩中等，数学成绩比较差，学起来非常吃力，但是，她一直以来很喜欢画画，画画能让她放松身心。

在未来的职业选择方面，她也愿意从事和画画有关的职业，但是父母觉得学艺术的都是成绩特别差的学生，她成绩其实还可以，选择艺考可能对名声不好。

所以，来访者心里很纠结，摇摆不定，不知道怎么办才好。

二、辅导过程

（一）制订辅导方案

我通过倾听、共情、接纳的方式和珍珍建立比较信任的关系，和她一起商讨了辅导方案，并达成一致的意见，具体内容如下：首先，通过生涯测评工具，帮助珍珍开展自我探索，使其了解自己的性格、兴趣、能力。其次，进行外部探索，和珍珍父母进一步沟通，纠正他们的非理性信念。最后，帮助珍珍运用生涯决策平衡确定自己的选择。

（二）实施辅导方案

1. 借助专业的测评工具，全面地进行自我探索

新高考选科的核心在于选择最适合自己的学科，以便充分挖掘自己的潜力，

发挥自己的优势，并尽可能地与未来的专业、职业等相关联。为此，珍珍分别做了 MBTI 职业性格测验、霍兰德职业兴趣倾向测验、加德纳多元智能测验，这些测验都有较好的信度、效度。测验结果如下：

（1）职业性格方面。珍珍的性格测评结果为 ESFP（富有同情的回应者）。从测评结果解释看，这种类型的职业性格特点主要包括：和善，乐于与他人分享；擅长人际交往，喜欢与人相处，适应能力强；对生命、人充满热爱。这些特点对珍珍想成为一名美术老师提供了积极的支持。

（2）职业兴趣方面。珍珍的霍兰德职业兴趣倾向测试得分最高的两个类型是 A、S，即艺术型、社会型。这种类型适合从事艺术老师工作。

（3）多元智能测验方面。加德纳多元智能测验结果显示，珍珍的视觉空间智能、人际沟通智能非常突出，这说明珍珍的优势智能可以支撑她从事画画专业的学习。

通过分析珍珍的这三个测验结果，可以发现：她选择美术特长生符合她的性格、兴趣、能力。

2. 与家长、老师进行沟通

在此基础上，我约谈了她的父母，把她的测评结果告诉了他们，并纠正他们的一些非理性信念，打消了他们的顾虑。同时，珍珍也与父母充分沟通，告诉了他们自己之后的职业发展方向，也去搜索了美术专业学生考大学的一些要求，并和学校美术老师充分沟通，听取了有关专业发展的知识介绍。

通过内部探索和外部探索，珍珍坚信了自己美术特长生的选择之路。

三、辅导效果

通过全面的信息收集，做出这样的决定之后，珍珍终于不再纠结。父母对珍珍的选择也表示支持。目前，她的学习积极性高，不管是对文化科目的学习，还是对专业科目的学习，都是干劲十足。目前就读高三的她，对自己的未来充满信心，相信通过自己的努力可以实现自己的梦想。